G C S E

French

VOCABULARY BOOK

T. P. Murray

EDUCATIONAL

First published 1996
Reprinted 1997

Letts Educational
Aldine House
Aldine Place
London W12 8AW
0181 740 2266

Text: © T.P. Murray 1996

Design and illustrations © BPP (Letts Educational) Ltd 1996

Design and page layout Goodfellow & Egan

British Library Cataloguing-in-Publication Data

A CIP record for this book is available from the British Library

ISBN 1 85758 385 X

Printed and bound in Great Britain by W M Print, Walsall

Letts Educational is the trading name of BPP (Letts Educational) Ltd

Acknowledgement
The Useful IT Vocabulary on pages 78–80 is taken from *Modern Languages, Information File No. 1* published in 1990 by the National Council for Educational Technology (NCET) and is reproduced here with the permission of the publishers.

To Catherine Ann

Introduction

- This vocabulary book contains the words you need to know for GCSE.
- It has been prepared by a Chief Examiner with a major Exam Board.
- In their GCSE syllabuses all the Exam Boards have a list of about 1500 words: this list is called the Minimum Core Vocabulary.
- The exams are based on these lists.
- There are lots of differences between the lists of different Boards.
- This book tells you which word is listed by which Board.
- The first section of words, Days, Months, etc., is a section common to all Boards.
- Each Exam Board will use words outside its list for the more difficult questions – so you should try to learn all the words in this book.
- All the Exam Boards have the same topic areas: these areas are called the Areas of Experience.
- The words in this book have been categorised into the Areas of Experience which are the topic categories that all Boards use.
- There is also a section on IT vocabulary. These words are not on the Exam Boards' lists.

What you should do

1 Find out from your teacher which Exam Board you will be using.
2 Highlight and learn the words specified by your Board.
3 Concentrate on the Area of Experience that you are working on at school.
4 Remember that you will need to know more words than your Board's Minimum Core Vocabulary.
   Learn the words set down by the other Boards.
5 The more dots beside a word, the more that word is important. Learn the important words first.

T.P.M.

Contents

Important words

Useful words

Area of Experience A

Everyday activities

Area of Experience B

Personal and social life

Area of Experience C

The world around us

Area of Experience D

The world of work

Important words

WORDS COMMON TO ALL BOARDS

Days

les jours de la semaine	the days of the week
lundi	Monday
mardi	Tuesday
mercredi	Wednesday
jeudi	Thursday
vendredi	Friday
samedi	Saturday
dimanche	Sunday

Months

les mois de l'année	the months of the year
janvier	January
février	February
mars	March
avril	April
mai	May
juin	June
juillet	July
août	August
septembre	September
octobre	October
novembre	November
décembre	December

Numbers

les nombres cardinaux	cardinal numbers
zéro	0
un/une	1
deux	2
trois	3
quatre	4
cinq	5
six	6
sept	7
huit	8
neuf	9

dix	10
onze	11
douze	12
treize	13
quatorze	14
quinze	15
seize	16
dix-sept	17
dix-huit	18
dix-neuf	19
vingt	20
vingt et un	21
vingt-deux etc	22
trente	30
quarante	40
cinquante	50
soixante	60
soixante-dix	70
soixante et onze	71
quatre-vingts	80
quatre-vingt-dix	90
cent	100
cent un	101
cent quatre-vingt-dix	190
deux cents	200
deux cent onze	211
mille	1000
deux mille	2000
un million	1000 000
la dizaine	about ten
la douzaine	dozen
les nombres ordinaux	ordinal numbers
premier	first
deuxième/second	second
troisième	third
quatrième	fourth
cinquième	fifth
sixième	sixth
septième	seventh
huitième	eighth
neuvième	ninth
dixième	tenth

onzième	eleventh
douzième	twelfth
dix-septième	seventeenth
dix-huitième	eighteenth
dix-neuvième	nineteenth
vingtième	twentieth
vingt et unième	twenty-first
cinquantième	fiftieth
centième	hundredth

Time

l'heure (f)	the time
Quelle heure est-il?	What's the time?
Il est sept heures	It's seven o'clock
Il est deux heures cinq	It's five past two
Il est neuf heures et quart	It's a quarter past nine
Il est quatre heures et demie	It's half past four
Il est six heures moins vingt	It's twenty to six
Il est une heure moins le quart	It's a quarter to one
Il est midi/minuit	It's twelve o'clock noon/midnight
Il est midi et demi	It's half past twelve (noon)
Il est minuit et demi	It's half past twelve (midnight)
A seize heures vingt-cinq	At 16.25
A quatorze heures quarante-cinq	At 14.45
A dix-huit heures	At 18.00
du matin	a.m.
de l'après-midi	p.m. until 5p.m.
du soir	p.m. after 5.p.m.
à cinq heures du matin	at five o'clock in the morning
Quelle est la date d'aujourd'hui?	What's the date today?
C'est le lundi treize janvier mille neuf-cent quatre-vingt seize/dix-neuf cent quatre-vingt seize	It's Monday the thirteenth of January 1996
dimanche le premier mai	Sunday the first of May

Seasons

les saisons (f)	the seasons
le printemps	spring
l'été (m)	summer
l'automne (m)	autumn
l'hiver (m)	winter
au printemps	in spring
en été/automne/hiver	in summer/autumn/winter

pendant l'été	during the summer

Question words

les interrogatifs (m)	question words
à quelle heure?	at what time?
à qui?	whose?
avec qui?	with whom?
combien de fois?	how often?
combien de temps?	how long?
combien?	how many?
comment?	how?
où?	where?
pourquoi?	why?
qu'est-ce que?	what?
qu'est-ce qui?	what?
quand?	when?
qui est-ce qui?	who?
qui?	who?
quoi?	what?

Useful words

	MEG	NEAB	ULEAC	SEG	WJEC	NICCEA
Quantities						
autant — as much						•
une boîte de — a box of			•	•		•
une bouteille de — a bottle of	•		•	•		•
le centimètre — centimetre						•
une douzaine de — a dozen			•	•		•
une goutte de — a drop of			•			
pas grand-chose — not much					•	
une livre de — a pound of			•	•		•
la moitié — half	•		•	•		•
un morceau de — a piece of	•		•	•		
un paquet de — a packet of			•	•		•
la plupart — most	•					•
un pot de — a pot of			•			•
un tiers de — a third of			•			
une tranche de — a slice of	•		•			•
un peu — a little		•				
un peu plus — a little more		•				
une paire de — a pair of		•				
Negatives						
ne ... aucun — no	•	•				
ne ... jamais — never	•	•	•	•	•	•
ne ... ni ... ni — neither ... nor	•	•				
ne ... pas — not	•	•	•			
ne ... personne — nobody	•	•				•
ne ... plus — no more, no longer	•	•				•
ne ... que — only	•	•				•
ne ... rien — nothing	•	•				•
non plus — neither		•				•
pas de vin — no wine	•	•				•
Prepositions						
à — to, at	•	•	•	•	•	•
au bout de — at the end of	•	•	•	•	•	
au fond de — at the bottom/far end of	•	•	•		•	

		MEG	NEAB	ULEAC	SEG	WJEC	NICCEA
au-dessous de	beneath	•				•	
au-dessus de	above	•	•			•	
autour de	around	•		•			•
avec	with	•	•	•	•	•	•
à bord de	aboard			•	•		•
chez	to/at the home of	•	•	•	•	•	•
contre	against	•	•	•	•	•	•
à côté de	beside			•	•	•	•
dans	in	•	•	•	•	•	•
derrière	behind	•	•	•	•	•	•
en	in			•		•	•
en face de	opposite		•	•		•	
en-dessous de	under			•			
entre	between	•	•	•	•		•
au lieu de	instead of	•		•	•		•
au milieu de	in the middle of	•		•	•		•
par	through/by	•	•		•		•
pardessus	above						•
parmi	among			•	•	•	
sans	without						•
sauf	except	•	•	•	•	•	•
sous	under	•	•	•	•	•	•
sur	on	•	•	•	•	•	•
à travers	across, through			•		•	
vers	towards	•	•	•	•	•	•

'Avoir' expressions

		MEG	NEAB	ULEAC	SEG	WJEC	NICCEA
avoir besoin de	to need	•	•		•	•	•
avoir envie de	to want (to do something)	•				•	
avoir faim	to be hungry	•		•	•	•	
avoir l'air (malade)	to look (ill)	•			•	•	
avoir lieu	to take place	•	•		•	•	
avoir mal à	to feel pain in	•	•	•	•		•
avoir peur	to be frightened	•		•	•	•	
avoir raison	to be right	•	•	•	•	•	
avoir soif	to be thirsty	•		•	•	•	
avoir sommeil	to feel sleepy			•	•	•	
avoir tort	to be wrong	•	•	•	•	•	
en avoir marre	to be fed up					•	

Other words and expressions

		MEG	NEAB	ULEAC	SEG	WJEC	NICCEA
à cause de	because of			•			
chacun	each one	•				•	
donc	so		•		•	•	•
en général	in general		•		•	•	
en sus	in addition		•			•	
enfin	at last	•	•		•	•	•
environ	about	•	•	•	•	•	•
est-ce que?	is it that?		•			•	
et	and		•	•	•	•	
ici	here	•	•	•	•	•	•
il faut	it is necessary		•			•	
il n'y a pas	there is not, there are not		•				
il n'y en a pas	there isn't any, there aren't any		•				
il y a	there is, there are		•		•	•	
il y aura	there will be		•				
il y avait	there was, there were		•				
il/ils	he/they (m)		•				
je	I		•				
lorsque	when	•			•		•
lui	him		•			•	
Madame	Madam		•	•	•	•	•
Mademoiselle	Miss		•	•	•	•	•
mais	but		•	•	•	•	•
on	one		•				
ou	or	•	•	•	•	•	•
oui	yes		•	•	•	•	•
parce que	because	•	•		•	•	•
pas mal	a lot	•	•			•	•
quelqu'un	someone	•	•	•	•		•
quelque chose de bon	something good	•	•	•		•	•
quelques-uns	some	•	•				
selon	according to			•			
si	if, so, yes	•	•	•	•	•	•
y compris	included			•			

Area of Experience A

Everyday activities

HOME LIFE

At home

	MEG	NEAB	ULEAC	SEG	WJEC	NICCEA
l'air (m) — appearance	•				•	•
l'ampoule (f) — light bulb	•					
l'appartement (m) — flat, apartment	•	•	•	•	•	•
le balcon — balcony	•	•	•	•	•	•
la boîte aux lettres — letter-box		•	•	•	•	•
la chaise — chair	•	•	•	•	•	•
le chauffage (central) — central heating	•			•	•	•
chez moi — to/at my house	•	•		•	•	
le code postal — post code		•		•		•
le confort — comfort				•		•
l'entrée principale — main entrance			•	•		•
l'escalier (m) — stairs	•	•	•	•	•	•
l'étagère (f) — shelf	•	•				
la fenêtre — window	•	•	•		•	•
le fond — bottom, far end	•	•			•	•
le gaz — gas	•	•	•	•	•	•
la grille — the gate (metal)		•	•			
l'habitude (f) — habit	•	•	•		•	
l'horloge (m) — clock	•		•			•
intérieur (-ieure f) — interior					•	
la lampe — lamp	•	•	•		•	•
le lavabo — hand basin	•	•	•	•	•	•
la lumière — light	•		•	•		•
la machine à coudre — sewing machine	•					
la maison — house	•	•	•	•	•	•
le maquillage — make-up	•	•	•	•	•	
le meuble — furniture	•	•	•		•	•
meublé — furnished	•				•	•
la moquette — carpet (fitted)		•	•			

		MEG	NEAB	ULEAC	SEG	WJEC	NICCEA
le pas	step	•	•	•	•		•
la pâte dentifrice	toothpaste						•
le peigne	comb	•			•	•	
la pendule	clock				•		•
le placard	cupboard	•	•	•	•	•	
le plafond	ceiling	•		•	•	•	•
le plancher	floor			•	•	•	•
la porte	door	•	•	•	•	•	•
la poterie	pottery						•
la poubelle	dustbin	•	•	•	•	•	•
la poudre	powder						•
le rideau	curtain	•	•	•	•	•	•
le sommeil	sleep				•		•
le tapis	carpet (not fitted)			•	•		•
le tiroir	drawer				•		•
le toit	roof	•					•
le volet	shutter						•

The rooms

		MEG	NEAB	ULEAC	SEG	WJEC	NICCEA
la cave	cellar	•	•		•	•	•
la chambre	bedroom	•	•	•	•	•	•
le garage	garage	•	•		•	•	•
la pièce	room	•	•		•	•	•
le rez de chaussée	ground floor	•	•	•	•	•	•
la salle à manger	dining room		•	•	•	•	•
la salle de bain	bathroom	•	•	•	•	•	•
la salle de séjour	lounge		•	•	•	•	•
le salon	lounge	•	•	•	•	•	•
le vestibule	hall	•		•			•

Materials

		MEG	NEAB	ULEAC	SEG	WJEC	NICCEA
le coton	cotton	•	•	•	•	•	•
le cuir	leather	•	•	•	•	•	•
le feutre	felt				•		
la forme	shape		•	•			
la laine	wool	•	•	•	•	•	•
le métal	metal	•					
le nylon	nylon		•			•	•
le papier	paper	•	•		•	•	•
le suède	suede		•				

French	English	MEG	NEAB	ULEAC	SEG	WJEC	NICCEA
en bois	of wood	•					
en coton	of cotton	•					
en laine	of wool	•					
en métal	of metal	•					
en plastique	of plastic	•					

Adjectives

French	English	MEG	NEAB	ULEAC	SEG	WJEC	NICCEA
ancien (ancienne f)	former, ancient	•	•	•		•	
clair	clear, light	•	•	•		•	•
confortable	comfortable	•	•	•	•	•	
différent	different	•	•			•	•
électrique	electric		•				•
moderne	modern		•		•	•	•
neuf (neuve f)	new	•	•	•	•	•	•
pittoresque	picturesque	•					•
typique	typical		•		•		•

Verbs

French	English	MEG	NEAB	ULEAC	SEG	WJEC	NICCEA
aider	to help		•	•	•	•	•
arroser	to water	•					
brosser	to brush	•			•	•	•
construire	to build	•		•	•		
coudre	to sew	•					
débarrasser la table	to clear the table		•				•
faire la vaisselle	to do the washing up		•	•	•		•
faire le jardinage	to do the gardening				•		
faire le lit	to make your bed		•	•			•
faire le ménage	to do the housework		•	•	•		•
faire le repassage	to do the ironing				•		
fermer	to close	•	•			•	•
laver	to wash	•	•			•	•
mettre la table	to lay the table				•		
mettre le couvert	to lay the table	•					
nettoyer	to clean	•	•	•	•	•	•
ranger	to tidy	•	•			•	•
sécher	to dry	•					•
stationner	to park	•		•	•	•	•
travailler	to work	•	•		•	•	•
utiliser	to use	•	•	•	•	•	•
vérifier	to check	•		•	•		•

		MEG	NEAB	ULEAC	SEG	WJEC	NICCEA
The living room							
le buffet	sideboard		•	•	•	•	•
le canapé	settee		•	•	•		
la chaîne hi-fi	hi-fi	•		•			
la chaîne-stéréo	hi-fi	•		•	•	•	
la cheminée	fire-place						•
l'électrophone (f)	record player				•	•	•
le fauteuil	armchair	•	•	•		•	•
le magnétophone à cassettes	cassette recorder		•			•	•
le magnétoscope	video recorder	•	•	•		•	•
la peinture	painting						•
la radio	radio		•			•	•
le tableau	painting	•		•	•	•	•
la télévision	TV	•	•	•	•	•	•
le tourne-disque	record player						•
le transistor	transistor	•	•				
The bedroom							
l'armoire (f)	wardrobe	•	•	•	•	•	•
la commode	chest of drawers					•	
la couverture	blanket	•		•	•	•	•
le drap	sheet	•		•	•	•	•
le lit	bed		•	•	•	•	•
le manteau	blanket	•	•	•	•	•	•
l'ordinateur (m)	computer	•	•	•	•	•	
l'oreiller (m)	pillow	•	•		•	•	
le réveil	alarm clock	•	•		•		
The bathroom							
la baignoire	bath(tub)	•				•	
le bain	bath	•	•	•	•	•	•
le bidet	bidet	•	•		•	•	•
la brosse à dents	tooth brush	•	•		•	•	
les ciseaux (m)	scissors				•	•	
le dentifrice	toothpaste	•	•	•	•	•	
la douche	shower	•	•	•	•	•	•
le gant de toilette	flannel					•	
le miroir	mirror		•		•	•	
le rasoir	razor	•		•	•		
le robinet	tap	•		•	•	•	•
la salle de bains	bathroom		•	•	•	•	•

		MEG	NEAB	ULEAC	SEG	WJEC	NICCEA
le savon	soap	•	•	•	•	•	•
la serviette	towel	•	•		•	•	•
le shampooing	shampoo	•				•	•

The kitchen

		MEG	NEAB	ULEAC	SEG	WJEC	NICCEA
la casserole	saucepan	•		•		•	
le congélateur	freezer	•	•	•		•	•
la cuisine	kitchen	•	•	•	•	•	•
la cuisinière à gaz	gas cooker	•	•	•	•	•	•
la cuisinière électrique	electric cooker	•	•	•	•	•	•
l'évier (m)	sink	•				•	•
faire la cuisine	to cook				•	•	•
la farine	flour				•		•
le four à micro-ondes	micro-wave oven			•			
le fridgidaire	fridge	•			•	•	
le frigo	fridge	•	•	•	•	•	•
le lave-vaisselle	dishwasher	•	•	•		•	
la machine à laver	washing machine	•	•	•	•		
la nourriture	food	•			•	•	•
le plateau	tray					•	•
le poêle	stove				•		
la poêle	frying pan				•		
le pot	pot	•	•				•
les provisions (f)	food	•	•		•		•
le tire-bouchon	corkscrew	•	•				

The garden

		MEG	NEAB	ULEAC	SEG	WJEC	NICCEA
l'arbre (m)	tree	•	•	•	•	•	•
la barrière	gate/fence						•
la branche	branch						•
la feuille	leaf				•	•	•
la fleur	flower	•	•	•	•	•	•
la haie	hedge						•
le fruit	fruit	•	•	•	•	•	•
l'herbe (f)	grass	•			•	•	•
le jardin	garden	•	•	•	•	•	•
le mur	wall	•	•	•	•	•	•
la pelouse	lawn		•	•	•	•	•
la plante	plant	•			•		•

	MEG	NEAB	ULEAC	SEG	WJEC	NICCEA
Pets						
le chat — cat	•	•	•	•	•	•
le chien — dog	•	•	•	•	•	•
le cobaye — guinea pig	•		•			
le cochon d'Inde — guinea pig			•			•
le hamster — hamster		•				
le perroquet — parrot			•			•
la perruche — budgerigar			•			
le poisson — fish	•	•	•	•	•	•
le poisson rouge — goldfish			•	•		•
The housework						
l'aspirateur (m) — vacuum cleaner	•	•	•		•	•
la lessive — laundry, washing	•			•		
le linge — linen,washing	•				•	
le ménage — housework	•			•	•	•
le nettoyage à sec — dry-cleaning						•
la plume — feather						•
la poussière — dust						•
la tache — stain						•
le tas — heap, pile				•		•
le torchon — tea-cloth, tea-towel						•
la vaisselle — washing up						•

SCHOOL

	MEG	NEAB	ULEAC	SEG	WJEC	NICCEA
In class						
asseyez-vous! — sit down!	•	•		•	•	•
assieds-toi! — sit down!	•	•		•	•	•
attention! — be careful!	•	•	•	•	•	•
ça s'écrit comment? — how do you spell that?			•	•		
défense de — forbidden to	•	•	•	•	•	•
exact — correct			•			•
indiquer — to point out			•		•	•
mettre dans le bon ordre — to put into the correct order			•			
par exemple — for example				•		•
présent — present	•				•	•
qu'est-ce qu'il y a? — what's the matter?		•				

	MEG	NEAB	ULEAC	SEG	WJEC	NICCEA
qu'est-ce que c'est en français? — what is it in French?		•				
venez ici! — come here!	•	•		•		
viens ici! — come here!		•				
voici — here is	•	•		•	•	•
voilà — there is		•		•	•	•
vouloir dire — to mean		•		•		

Subjects

	MEG	NEAB	ULEAC	SEG	WJEC	NICCEA
l'allemand (m) — German	•	•	•	•	•	•
l'anglais (m) — English	•	•	•	•	•	•
l'art (m) — art				•		
la biologie — biology	•	•	•	•	•	•
la chimie — chemistry	•	•	•	•	•	•
le commerce — commerce						•
le dessin — drawing	•	•	•	•	•	
l'éducation physique (f) — physical education	•	•				•
EMT (éducation manuelle et technique) — C.D.T.		•		•		•
EPS (éducation physique et sportive) — P.E.		•		•		
l'espagnol (m) — Spanish	•	•	•		•	•
le français — French	•	•	•	•	•	•
la géographie — geography	•	•	•	•	•	•
la gymnastique — gymnastics	•	•	•	•	•	•
l'histoire (f) — history	•	•	•	•	•	•
l'informatique (f) — computing	•	•	•	•	•	
les langues modernes (f) — modern languages	•	•	•	•	•	•
le latin — Latin	•	•	•	•	•	•
les math(s) (f) — maths	•	•			•	•
les mathématiques (f) — maths	•	•			•	•
la physique — physics	•	•	•	•	•	•
la science — science	•	•	•	•	•	•
les sciences économiques (f) — economics	•	•	•	•	•	•
les sciences naturelles (f) — biology	•	•	•	•	•	•
la technologie — technology	•	•	•	•	•	•
les travaux manuels (m) — handicraft	•			•		•

In school

	MEG	NEAB	ULEAC	SEG	WJEC	NICCEA
l'accent (m) — accent	•	•	•	•	•	•

		MEG	NEAB	ULEAC	SEG	WJEC	NICCEA
l'alphabet (m)	alphabet	•				•	
le bac(calauréat)	A-level	•	•	•	•	•	•
le bulletin	school report			•	•		•
le cercle	circle	•	•	•	•	•	
le chiffre	figure (numerical)			•		•	
la classe	class	•	•	•	•	•	•
la description	description	•				•	
les devoir(s) (m)	homework	•	•	•		•	
le diplôme	certificate					•	
l'échange (m)	exchange	•	•	•	•	•	
l'emploi du temps (m)	timetable	•	•	•	•	•	•
en sixième	in Year 7	•					
l'épreuve (f)	test				•		
l'erreur (m)	mistake	•	•		•		
l'examen (m)	examination	•	•		•		
par exemple	for example	•			•	•	•
l'exemple (m)	example	•	•	•	•	•	•
l'extrait (m)	extract	•					
la faute	fault, mistake	•	•		•	•	•
les grandes vacances (f)	summer holidays		•		•		
l'horaire (f)	timetable	•	•		•	•	
les instructions (f)	instructions				•		
la leçon	lesson		•	•	•		
la ligne	line,	•	•	•	•		•
la matière	subject	•	•	•	•	•	
le mot	word	•	•	•	•	•	•
la pause du midi	lunchtime		•				
la phrase	sentence	•	•	•	•	•	
le progrès	progress	•		•	•		•
la question	question	•	•			•	•
la récréation	break	•	•		•	•	•
la rentrée	back to school	•			•	•	•
le silence	silence		•			•	•
le succès	success						•
le tableau noir	blackboard					•	•
la terminale	upper-sixth			•			•
le trimestre	term	•		•		•	

Adjectives

		MEG	NEAB	ULEAC	SEG	WJEC	NICCEA
absent	absent	•	•	•	•	•	•

		MEG	NEAB	ULEAC	SEG	WJEC	NICCEA
excellent	excellent		•			•	•
faux (fausse f)	false, wrong	•	•	•	•	•	•
juste	correct	•	•				
mixte	mixed				•	•	•
primaire	primary					•	
privé	private	•				•	
scolaire	school			•		•	•
secondaire	secondary					•	•

The places

		MEG	NEAB	ULEAC	SEG	WJEC	NICCEA
C.E.S. (Collège d'Enseignement Secondaire)	Secondary School			•	•	•	•
la cantine	canteen	•	•	•	•	•	•
le collège	school		•	•		•	•
le couloir	corridor	•					
la cour	school-yard	•	•		•		•
l'école (f)	school (primary)	•	•		•	•	•
le gymnase	gym			•	•	•	
le laboratoire	laboratory	•	•		•		•
le lycée	school			•		•	•
la salle	room			•		•	•
la salle de classe	classroom				•		•
la salle de musique	music room				•		
la salle de professeurs	staff room				•		

The equipment

		MEG	NEAB	ULEAC	SEG	WJEC	NICCEA
le bic	pen			•		•	
le cahier	exercise book			•	•	•	•
la calculatrice	calculator			•			
le carnet	notebook	•	•				•
le cartable	school bag			•			
le crayon	pencil	•	•	•	•	•	•
la gomme	rubber		•	•	•		•
la règle	rule, ruler		•	•	•		•
le stylo	pen	•		•	•	•	•
l'uniforme scolaire (m)	school uniform	•				•	•

The people

		MEG	NEAB	ULEAC	SEG	WJEC	NICCEA
le/la concierge	caretaker	•				•	•
le directeur/la directrice	headmaster/mistress	•	•		•	•	•

		MEG	NEAB	ULEAC	SEG	WJEC	NICCEA
l'élève (m)(f)	pupil	•	•	•	•	•	•
l'enseignant (m)	teacher	•				•	
l'instituteur/trice (m)(f)	teacher (primary school)			•		•	•
le maître	master						•
le professeur	teacher	•		•	•	•	•
le/la secrétaire	secretary	•	•		•	•	
le surveillant	supervisor			•			

Verbs

		MEG	NEAB	ULEAC	SEG	WJEC	NICCEA
ajouter	to add				•		
améliorer	to improve	•					
appartenir	to belong	•			•		
apprendre	to learn	•	•	•	•	•	•
s'asseoir	to sit down	•		•	•		
bavarder	to chatter	•	•		•	•	
cacher	to hide	•		•			•
cesser	to stop (doing something)						•
classer	to classify/to file			•			
cocher	to tick				•		
corriger	to correct		•	•			
décrire	to describe	•		•	•	•	•
demander	to ask	•	•	•	•	•	•
déranger	to disturb	•					
détester	to hate	•			•		•
deviner	to guess			•	•		
devoir	to have to	•	•	•	•	•	
se disputer	to argue/to quarrel	•					
diviser	to divide			•			
dormir	to sleep	•	•	•	•	•	•
écouter	to listen	•	•	•	•	•	•
écrire	to write			•	•		•
effrayer	to frighten	•					
empêcher	to prevent				•	•	
s'endormir	to go to sleep	•					
s'ennuyer	to be bored	•		•		•	
entrer	to enter	•	•			•	
espérer	to hope	•	•	•		•	•
essuyer	to wipe					•	
étudier	to study	•	•	•	•		•

		MEG	NEAB	ULEAC	SEG	WJEC	NICCEA
éviter	to avoid			•			
expliquer	to explain	•	•	•		•	•
se fâcher	to get angry	•		•			•
faire attention	to be careful			•			•
frapper	to hit	•		•	•	•	•
gêner	to embarrass						•
habiter	to live in	•	•		•	•	•
ignorer	to not know (something)	•					
mesurer	to measure						•
se moquer de	to make fun of			•			
obliger	to oblige			•	•		•
oublier	to forget	•	•	•	•	•	•
pardonner	to forgive						•
parler	to talk			•	•	•	•
partager	to share	•	•	•			
partir	to leave	•	•	•	•	•	•
permettre	to permit	•	•	•	•		•
punir	to punish	•	•	•			
raconter	to tell	•		•	•		•
se rappeler	to remember	•	•				
respecter	to respect, observe (i.e. laws)			•			
réussir	to succeed						•
rire	to laugh	•	•	•	•	•	•
savoir	to know	•	•	•	•	•	•
sonner	to ring	•		•	•		•
se taire	to stay silent	•	•				
terminer	to finish			•		•	•
traduire	to translate	•	•				
se tromper	to make a mistake	•	•	•			
user	to use						•
vouloir	to wish, want	•	•	•	•	•	•

FOOD AND DRINK

Meals

		MEG	NEAB	ULEAC	SEG	WJEC	NICCEA
le déjeuner	lunch	•	•		•	•	•
le dîner	dinner	•	•	•	•	•	•
le goûter	afternoon snack	•	•		•	•	•

		MEG	NEAB	ULEAC	SEG	WJEC	NICCEA
le petit déjeuner	breakfast		•	•	•	•	•
le pique-nique	picnic	•		•			•
le plat	dish	•	•	•	•	•	•
le plat principal	main course		•				
le repas	meal	•	•	•	•	•	•
le souper	supper				•		•

Vegetables

		MEG	NEAB	ULEAC	SEG	WJEC	NICCEA
l'artichaut (m)	artichoke	•					
la betterave	beetroot			•			
la carotte	carrot	•	•	•	•	•	
le champignon	mushroom	•	•	•		•	•
le chou	cabbage	•	•	•	•	•	
le chou de Bruxelles	sprout				•	•	
le chou-fleur	cauliflower	•	•		•	•	•
la courgette	courgette			•			
les frites (f)	chips	•	•	•	•	•	
le haricot vert	green bean/french bean	•	•	•	•	•	
la laitue	lettuce						•
le légume	vegetable	•	•	•	•	•	
l'oignon (m)	onion	•		•	•	•	
le petit pois	pea	•	•	•	•	•	
la pomme de terre	potato	•	•	•	•	•	•
le riz	rice			•	•	•	•
la salade	salad, lettuce	•	•				•
la tomate	tomato	•	•	•		•	•

Fruit

		MEG	NEAB	ULEAC	SEG	WJEC	NICCEA
l'abricot (m)	apricot	•	•	•	•	•	•
l'ananas (m)	pineapple	•	•	•	•	•	•
la banane	banana	•	•	•	•	•	
le cassis	blackcurrant					•	
la cerise	cherry	•	•	•		•	•
le citron	lemon	•	•	•	•	•	•
la fraise	strawberry	•	•	•	•	•	•
la framboise	raspberry	•	•	•		•	•
le fruit	fruit	•	•		•	•	
le melon	melon	•				•	•
mûr	ripe	•	•	•		•	
l'orange (f)	orange	•	•	•	•	•	•

		MEG	NEAB	ULEAC	SEG	WJEC	NICCEA
le pamplemousse	grapefruit	•					•
la pêche	peach	•	•	•	•	•	•
la poire	pear	•	•	•	•	•	•
la pomme	apple	•	•	•	•	•	•
la prune	prune	•				•	•
le raisin	grape	•	•	•	•	•	•

Meat

		MEG	NEAB	ULEAC	SEG	WJEC	NICCEA
l'agneau (m)	lamb	•		•		•	•
le bifteck	steak	•	•	•	•	•	•
le boeuf	beef	•	•	•	•	•	•
le canard	duck	•	•		•		•
la côtelette	chop		•	•			•
l'entrecôte (f)	rib-steak		•			•	
le jambon	ham	•	•	•	•	•	•
le lapin	rabbit	•	•	•	•	•	•
la merguez	spicy sausage		•				
le mouton	mutton		•		•	•	•
le porc	pork	•	•		•	•	•
le poulet	chicken	•	•	•	•	•	•
le rôti	roast meat	•	•	•	•	•	•
le salami	salami		•				
la saucisse	sausage	•	•	•	•	•	•
le saucisson	salami-type sausage	•	•	•	•	•	•
le steak	steak		•				•
le veau	veal	•	•	•		•	
la viande	meat	•	•	•	•	•	•

On the table

		MEG	NEAB	ULEAC	SEG	WJEC	NICCEA
le bol	bowl		•		•	•	•
la cafetière	coffee pot		•	•		•	•
la carafe	carafe			•		•	•
le couteau	knife	•	•	•	•	•	•
la cuiller/la cuillère	spoon	•	•	•	•	•	•
la fourchette	fork	•	•		•	•	•
la mayonnaise	mayonnaise						•
la moutarde	mustard	•	•	•			•
la nappe	tablecloth					•	
le poivre	pepper	•	•	•	•	•	•
la sauce	gravy		•				•

		MEG	NEAB	ULEAC	SEG	WJEC	NICCEA
le sel	salt	•		•	•	•	•
la soucoupe	saucer	•	•		•	•	
le sucre	sugar	•	•	•	•	•	•
la table	table	•	•			•	•
la tasse	cup	•	•	•	•	•	•
le verre	glass	•	•	•	•	•	•
verser	to pour				•		•
le vinaigre	vinegar	•	•	•			

Snacks

		MEG	NEAB	ULEAC	SEG	WJEC	NICCEA
le bonbon	sweet	•	•		•	•	•
les chips (m)	crisps		•		•	•	•
le chocolat	chocolate	•	•	•	•	•	•
le croque-madame	toasted cheese sandwich with chicken			•			
le croque-monsieur	toasted cheese sandwich with ham		•				•
la glace	ice cream	•	•	•	•	•	•
l'omelette (f)	omelette	•	•				•
les pâtes (f)	pasta		•				
la pizza	pizza		•				
le sandwich	sandwich	•	•			•	
les spaghetti (m.pl.)	spaghetti		•				
la tarte	cake	•				•	•
la tartine	slice of bread and butter					•	
la vanille	vanilla	•	•			•	•

Starters

		MEG	NEAB	ULEAC	SEG	WJEC	NICCEA
les crudités (f)	raw vegetables		•	•	•	•	•
l'entrée (f)	starter	•	•			•	•
le hors-d'oeuvre	starter	•	•	•	•	•	•
le pâté	pâté		•	•			•
le potage	soup		•	•	•	•	•
la soupe	soup	•	•				•

From the sea/river

		MEG	NEAB	ULEAC	SEG	WJEC	NICCEA
le coquillage	shellfish	•					
le crabe	crab	•					
les fruits de mer (m)	seafood		•	•	•	•	•

		MEG	NEAB	ULEAC	SEG	WJEC	NICCEA
les moules (f)	mussels				•		
le poisson	fish	•	•	•	•	•	•
la sardine	sardine	•	•	•	•	•	•
le saumon	salmon			•	•		•
le thon	tuna fish				•		•
la truite	trout				•	•	•

Desserts

		MEG	NEAB	ULEAC	SEG	WJEC	NICCEA
le biscuit	biscuit	•	•	•	•	•	•
la crème (Chantilly)	whipped cream		•	•		•	•
la crêpe	pancake	•	•	•	•	•	•
le dessert	dessert	•	•	•	•	•	
le fromage	cheese	•	•	•	•	•	
le gâteau	cake	•	•	•		•	•
la glace	ice cream	•	•	•	•	•	•
la pâtisserie	pastry		•	•	•		
la tarte maison	home-made tart			•			•
le yaourt	yogurt	•	•		•	•	•

Breakfast

		MEG	NEAB	ULEAC	SEG	WJEC	NICCEA
la baguette	loaf	•	•	•	•	•	•
le beurre	butter	•	•	•	•	•	•
les céréales (f)	cereals	•					
la confiture	jam	•	•	•	•	•	•
le croissant	croissant	•	•	•	•	•	•
grillé (pain grillé)	toast	•					•
le miel	honey		•				•
l'oeuf (m)	egg	•	•	•	•	•	•
l'oeuf à la coque (m)	boiled egg	•					
le pain	bread	•	•		•	•	•
le toast	toast	•					

Drinks

		MEG	NEAB	ULEAC	SEG	WJEC	NICCEA
l'alcool (m)	alcohol						•
l'apéritif (m)	pre-dinner drink				•	•	
la bière	beer	•	•	•	•	•	•
la boisson	drink	•	•	•	•	•	•
le bouchon	cork				•		
le café	coffee	•	•		•	•	•
le café-crème	white coffee	•	•	•	•	•	•

		MEG	NEAB	ULEAC	SEG	WJEC	NICCEA
le chocolat chaud	hot chocolate	•	•	•	•	•	•
le cidre	cider	•		•	•	•	•
le citron pressé	crushed lemon						•
le coca (-cola)	coke	•	•	•	•	•	
l'eau (f)	water	•	•	•	•	•	
l'eau minérale (f)	mineral water	•	•		•	•	•
l'eau potable (f)	drinking water	•	•	•		•	•
le jus	juice			•	•	•	•
le jus de fruit	fruit juice	•	•		•	•	
le lait	milk	•	•	•	•	•	•
la limonade	lemonade	•	•	•	•	•	
l'orangina (f)	orangeade			•	•		•
le sirop	cordial					•	•
la soif	thirst	•	•	•	•	•	
le thé	tea	•	•	•	•	•	•
le thé au lait	tea with milk	•	•				•
le vin	wine	•	•	•	•	•	•

In the restaurant

		MEG	NEAB	ULEAC	SEG	WJEC	NICCEA
l'addition (f)	bill (i.e. in a café)	•	•	•		•	
l'assiette (f)	plate	•	•	•		•	
la bouteille	bottle	•	•	•	•	•	•
le choix	choice			•		•	•
le couvert	place at table	•	•	•		•	•
l'escargot (m)	snail	•				•	
le garçon	waiter	•	•	•	•		•
le menu (à 90 francs, etc)	90-franc menu	•	•			•	•
le patron	restaurant owner	•	•	•	•		•
le plat du jour	today's menu				•	•	
les pommes vapeur (f)	steamed potatoes					•	
le pourboire	tip	•		•	•	•	•
la recette	recipe					•	
le restaurant	restaurant	•	•				•
le self	self-service restaurant			•			
le serveur	waiter	•				•	
le service non compris	service not included	•		•	•	•	•
la spécialité	speciality	•	•		•	•	•
les toilettes (f)	toilets	•	•	•		•	•
le/la végétarien(ne)	vegetarian		•			•	

	MEG	NEAB	ULEAC	SEG	WJEC	NICCEA
In the café						
le comptoir — counter	•					•
le garçon de café — waiter	•	•		•	•	•
la note — bill	•	•	•	•	•	•
l'ombre (f) — shade	•					
le tarif — price-list	•		•	•	•	•
la terrasse — terrace	•		•			
Two useful expressions						
bon appétit — enjoy your meal	•	•	•	•	•	•
à la carte — not from the fixed menu	•	•		•	•	•
Adjectives						
appétissant — delicious				•		
assis — sitting		•	•		•	•
bien cuit — well-done (steak)	•			•	•	•
bon (m), (bonne f) — good		•	•	•	•	•
bon marché — cheap		•	•	•	•	•
bruyant — noisy	•					
célèbre — famous		•	•		•	•
compris — included	•	•	•		•	•
correct — correct			•			•
délicieux (-ieuse f) — delicious	•	•	•	•	•	•
frais (fraîche f) — cool, fresh	•	•	•		•	•
léger (légère f) — light, slight	•	•	•	•	•	•
lent — slow	•	•	•	•	•	•
nombreux (-euse f) — numerous	•	•	•		•	•
à point — medium (steak)	•	•		•	•	•
principal — main		•		•	•	•
prochain — next	•	•		•	•	•
rare — rare	•	•		•	•	
régulier (régulière f) — regular				•		
saignant — rare (steak)	•			•		
sensass — sensational				•		
servi — served	•	•		•		•
sucré — sweet	•				•	•
Restaurant verbs						
amener — to bring (someone)	•		•			
apporter — to bring (something)	•	•	•		•	•

		MEG	NEAB	ULEAC	SEG	WJEC	NICCEA
apprécier	to appreciate				•	•	
approuver	to approve	•					
attendre	to wait for	•	•	•	•	•	•
avoir envie de	to want to	•					
bavarder	to chatter	•	•		•	•	
boire	to drink	•	•	•	•	•	•
changer	to change	•	•		•	•	•
commander	to order	•	•	•	•	•	•
dire	to say	•	•	•	•		•
se disputer	to argue/to quarrel	•					
donner	to give	•	•	•	•	•	•
emporter	to carry away	•		•	•		
envoyer	to send	•	•	•	•	•	•
espérer	to hope	•	•	•	•	•	
éviter	to avoid			•			
fumer	to smoke	•	•	•	•	•	
gêner	to embarrass						•
hésiter	to hesitate						•
laisser tomber	to drop				•		•
manger	to eat	•	•	•	•	•	•
mettre	to put	•	•	•	•	•	•
montrer	to show	•	•	•	•		
pardonner	to forgive						•
parler	to talk			•	•	•	•
partager	to share	•	•	•			
partir	to leave	•	•	•	•	•	•
plaire	to please	•			•		•
préférer	to prefer			•		•	•
proposer	to suggest	•	•		•		•
recommander	to recommend	•	•		•	•	
regretter	to regret	•	•		•		•
remercier	to thank	•	•	•	•	•	
servir	to serve	•			•	•	
sourire	to smile	•	•	•	•		•
terminer	to finish		•			•	•
se tromper	to make a mistake	•	•	•			
vouloir	to wish, want	•	•	•	•	•	•

HEALTH AND FITNESS

Sports

French	English	MEG	NEAB	ULEAC	SEG	WJEC	NICCEA
l'alpinisme (m)	climbing			•		•	•
l'athlétisme (m)	athletics		•			•	•
le basket	basketball			•	•		
le cyclisme	cycling	•	•		•	•	•
l'équitation (f)	horse-riding	•	•	•		•	•
faire du cheval	to go riding				•		•
le football	football	•	•	•		•	
le handball	handball	•					
le hockey	hockey	•					
la natation	swimming				•		•
la pêche	fishing				•	•	
la planche à roulettes	skate-boarding				•		
la planche à voile	windsurfing				•		•
le rugby	rugby	•					•
le ski nautique	water-skiing				•	•	•
les sports d'hiver	winter sports	•				•	•
le tennis	tennis	•					•
la voile	sailing				•		•
le volley	volleyball	•	•				•

Sport words

French	English	MEG	NEAB	ULEAC	SEG	WJEC	NICCEA
la mi-temps	at half-time				•	•	•
le ballon	ball	•		•	•	•	•
le but	goal				•		
le casque	helmet				•		
le champion	champion					•	
le concours	competition				•		
le coup de pied	kick				•	•	•
le/la cycliste	cyclist	•	•	•	•	•	•
l'équipe (f)	team	•	•	•	•	•	•
l'étape (f)	stage				•		
le joueur	player	•			•	•	
le match	match		•			•	•
le match nul	draw					•	•
le spectateur	spectator				•		

Verbs

		MEG	NEAB	ULEAC	SEG	WJEC	NICCEA
aimer	to like/to love	•	•	•	•	•	•
aimer bien	to quite like	•	•	•	•	•	
améliorer	to improve	•					
apercevoir	to notice					•	
apprécier	to appreciate					•	•
s'arrêter	to stop	•		•	•		•
assister	to be present at	•					•
attraper	to catch	•			•		•
choisir	to choose	•	•	•	•	•	•
commencer	to begin	•	•	•	•	•	•
courir	to run	•		•	•	•	•
se disputer	to argue/to quarrel	•					
durer	to last	•	•	•	•	•	•
empêcher	to prevent					•	•
emporter	to carry away	•			•	•	
envoyer	to send	•	•	•	•	•	•
finir	to finish	•	•	•	•	•	•
gagner	to win	•	•	•	•	•	
garder	to keep	•			•	•	•
glisser	to slip, to slide					•	•
grimper	to climb				•		•
s'intéresser à	to be interested in		•	•		•	
jeter	to throw	•		•	•	•	•
jouer au football	to play football				•		
laisser tomber	to drop				•		•
lancer	to throw						•
se laver	to get washed	•		•	•		•
lever	to lift	•	•		•		•
manquer	to lack, to miss (a person)	•				•	•
mener	to lead				•		
nager	to swim		•	•	•	•	•
patiner	to skate						•
pêcher	to fish						•
perdre	to lose	•	•	•	•	•	•
ralentir	to slow down	•	•				
ramasser	to pick up						•
sauter	to jump			•	•	•	•
siffler	to whistle			•			
terminer	to finish		•	•		•	•

The body

		MEG	NEAB	ULEAC	SEG	WJEC	NICCEA
la bouche	mouth	•		•	•	•	•
le bras	arm	•	•	•	•	•	•
les cheveux (m)	hair	•	•	•	•	•	•
le coeur	heart	•	•	•	•		•
le cou	neck		•	•		•	•
la coude	elbow					•	•
la dent	tooth	•	•	•	•	•	•
le doigt	finger	•	•	•	•	•	•
le dos	back	•	•		•	•	•
l'épaule (f)	shoulder	•		•	•	•	
l'estomac (m)	stomach	•		•	•	•	•
la figure	face			•			•
le genou	knee	•	•	•	•		•
la gorge	throat	•	•	•	•	•	•
la jambe	leg	•	•	•	•	•	•
la joue	cheek			•			
la langue	tongue	•	•	•	•	•	•
la lèvre	lip			•		•	
la main	hand	•	•	•	•	•	•
le menton	chin					•	•
le nez	nose	•	•	•	•	•	•
l'oeil (m), les yeux (m)	eye, eyes	•	•	•	•	•	•
l'oreille (f)	ear	•		•	•	•	•
l'os (m)	bone						•
la peau	skin	•		•	•	•	
le pied	foot	•	•	•	•	•	•
le poing	fist					•	
la poitrine	breast, chest	•		•		•	
le sang	blood						•
le talon	heel					•	
la tête	head	•	•	•	•	•	•
le ventre	stomach	•	•	•		•	•
le visage	face	•		•	•		•
la voix	voice	•		•	•	•	•
les yeux (m)	eyes		•		•	•	

Illness

		MEG	NEAB	ULEAC	SEG	WJEC	NICCEA
l'ambulance (f)	ambulance		•			•	•
l'ampoule (f)	blister	•					

		MEG	NEAB	ULEAC	SEG	WJEC	NICCEA
l'aspirine (f)	aspirin	•	•	•	•	•	•
le comprimé	tablet	•		•	•	•	•
le corps	body			•	•		•
le coup de soleil	sunstroke	•		•	•		•
la douleur	pain	•					•
en forme	in good shape				•		
enrhumé	having a cold	•	•	•			•
la fièvre	fever, temperature	•		•	•		•
la grippe	flu	•		•	•	•	•
mal	unwell	•	•	•	•	•	•
malade	sick	•	•	•	•	•	•
la maladie	illness	•		•	•		
la médecine	medicine (the science)				•		
le médicament	medicine	•		•	•	•	•
l'ordonnance (f)	prescription	•		•			•
la pilule	pill			•		•	•
la piqûre	sting	•		•			•
le remède	remedy						•
le rhume	cold	•	•	•	•	•	•
la santé	health	•		•	•		•
le sparadrap	plaster	•				•	•

Verbs

		MEG	NEAB	ULEAC	SEG	WJEC	NICCEA
avoir mal à l'estomac	to have stomach pains	•				•	•
avoir mal à l'oreille	to have ear ache	•				•	
avoir mal à la gorge	to have a sore throat	•				•	
avoir mal à la tête	to have a head ache	•		•	•		
avoir mal au coeur	to feel sick	•		•	•		
avoir mal au dos	to have a sore back	•		•			
avoir mal au ventre	to have a stomach ache	•		•	•		
avoir mal aux dents	to have tooth ache	•		•			
avoir le mal de mer	to be sea-sick			•			
avoir mal de tête	to have a head ache			•			
se blesser	to hurt oneself	•		•	•	•	•
se casser	to break	•		•	•		•
se couper	to cut oneself	•		•	•	•	•
se faire mal	to hurt oneself		•	•			•
garder le lit	to stay in bed						•
guérir	to cure	•					
mourir	to die			•			

		MEG	NEAB	ULEAC	SEG	WJEC	NICCEA
piquer	to sting	•		•			•
prendre rendez-vous	to make an appointment		•				
respirer	to breathe			•			•
se sentir	to feel						•
souffrir	to suffer			•			•
tomber malade	to fall ill			•			
tousser	to cough	•					
trembler	to shiver						•
vomir	to vomit			•		•	•

Personal and social life

SELF, FAMILY AND PERSONAL RELATIONSHIPS

Family

French	English	MEG	NEAB	ULEAC	SEG	WJEC	NICCEA
l'adulte (m)(f)	adult	•	•	•	•	•	•
l'âge (m)	age	•			•	•	•
aîné	older, oldest	•			•	•	•
s'appeler	to be called	•	•	•	•	•	
le beau-frère	brother-in-law	•	•				
le beau-père	father-in-law	•	•			•	
le bébé	baby	•	•	•	•	•	•
la belle-mère	mother-in-law	•	•			•	
la belle-soeur	sister-in-law	•	•				
cadet (cadette f)	younger, youngest	•				•	•
célibataire	single (not married)	•		•		•	
le cousin/la cousine	cousin	•	•			•	•
la dame	lady				•		•
le demi-frère	half-brother				•		
la demi-soeur	half-sister				•		
l'enfant (m)(f)	child	•	•	•	•	•	•
l'épouse (f)	wife	•				•	•
l'époux	husband					•	
la famille	family	•	•	•	•	•	•
la femme	wife, woman	•	•	•	•	•	•
le/la fiancé(e)	fiancé	•				•	
la fille	girl, daughter	•	•	•	•	•	•
le fils	son	•	•	•	•	•	•
le frère	brother	•	•	•	•	•	
le/la gosse	child				•		
la grand-mère	grand-mother	•	•	•		•	•
le grand-parent	grand-parent	•	•		•	•	

		MEG	NEAB	ULEAC	SEG	WJEC	NICCEA
le grand-père	grand-father	•	•	•	•	•	
l'homme (m)	man		•	•	•	•	•
le/la jumeau/jumelle	twin			•		•	•
maman	Mummy		•	•		•	•
le mari	husband	•	•		•	•	•
les membres de la famille (m)	family members	•	•		•		•
la mère	mother	•	•	•	•	•	•
naître	to be born	•		•	•		•
le neveu	nephew	•		•	•	•	•
la nièce	niece	•				•	•
offrir	to offer, to give (a present)	•		•			•
l'oncle (m)	uncle	•	•	•	•	•	
le papa	Dad		•	•		•	•
les parents (m)	parents	•	•			•	•
le père	father	•	•	•	•	•	•
le petit-fils	grandson	•			•	•	
la petite-fille	grand-daughter						•
les petits-enfants (m)	grandchildren					•	
la soeur	sister	•	•	•	•	•	•
la tante	aunt	•	•	•	•		•
le veuf	widower	•				•	
la veuve	widow	•				•	
vivre	to live	•		•		•	•

Friends

		MEG	NEAB	ULEAC	SEG	WJEC	NICCEA
l'ami (m), l'amie (f)	friend	•	•	•	•	•	•
l'amour (m)	love	•	•	•			•
beaucoup de monde	a lot of people	•	•		•	•	•
la bise	kiss on cheek				•		•
le/la camarade	friend	•	•		•	•	•
le copain (-ine f)	friend	•	•	•	•	•	•
la correspondance	mail	•	•	•	•	•	
le correspondant	pen friend		•	•	•	•	•
de la part de	from					•	
le dialogue	conversation		•				
les gens (m)	people	•	•	•	•		•
l'hospitalité (f)	hospitality		•		•		
l'invitation (f)	invitation		•		•		•

		MEG	NEAB	ULEAC	SEG	WJEC	NICCEA
le jumelage	twinning	•					
jumelé	twinned		•				
la lettre	letter	•	•	•	•	•	•
le mensonge	lie	•					
les nouvelles (f)	news					•	•
la personne	person	•	•	•	•	•	•
le rendez-vous	meeting	•	•	•	•	•	•
la réponse	reply			•	•	•	•
la surprise	surprise	•	•				•
la surprise-partie	party	•	•		•	•	
tout le monde	everybody	•	•	•	•	•	•
la ville jumelée	twin town						•
le visiteur	visitor						•
les voeux (m)	wishes				•		•

Verbs

		MEG	NEAB	ULEAC	SEG	WJEC	NICCEA
accompagner	to accompany	•	•	•	•	•	•
aimer	to like/love	•	•	•	•	•	•
aimer bien	to quite like	•	•	•	•	•	
s'allonger	to lie down	•					
s'amuser	to have a good time		•				
s'asseoir	to sit down	•		•		•	
bavarder	to chatter	•	•		•	•	
chanter	to sing	•	•	•	•	•	•
correspondre	to correspond		•		•		
se coucher	to got to bed	•	•	•	•	•	•
danser	to dance	•	•			•	
se débrouiller	to sort out one's difficulties/to manage		•				
se dépêcher	to hurry	•		•	•		
se déshabiller	to get undressed	•		•		•	•
se détendre	to relax		•				
se disputer	to argue/to quarrel	•					
s'écrire	to write to each other	•	•		•		•
s'endormir	to go to sleep	•					
s'ennuyer	to be bored	•		•	•		
s'entendre avec	to get on well with	•			•	•	•
épouser	to marry	•	•				•
se fâcher	to get angry	•	•				•
faire des promenades	to go for walks		•				•

		MEG	NEAB	ULEAC	SEG	WJEC	NICCEA
faire du babysitting	to babysit		•				•
faire la connaissance	to get to know			•			
faire les courses	to go shopping			•	•	•	•
faire partie de	to be a part of			•			
s'habiller	to get dressed	•		•	•		•
s'intéresser à	to be interested in		•	•		•	
inviter	to invite	•	•		•	•	•
jouer	to play	•	•	•	•	•	
se laver	to get washed	•		•	•		•
se lever	to get up			•	•	•	•
manger	to eat	•	•	•	•	•	•
se moquer de	to make fun of			•			
oublier	to forget	•	•	•	•	•	•
pardonner	to forgive						•
parler	to talk		•	•	•	•	•
partir	to leave	•	•	•	•	•	•
pleurer	to cry	•		•	•		•
prendre des photos	to take photos			•			
présenter	to introduce	•	•		•		•
se promener	to go for a walk	•		•	•	•	•
punir	to punish	•					
raconter	to tell	•		•	•		•
se raser	to shave	•		•	•		
recevoir	to receive	•		•	•	•	•
se rencontrer	to meet	•	•	•	•	•	•
rendre visite à	to visit (a person)			•		•	•
rentrer	to go home	•	•	•	•	•	•
se reposer	to rest	•		•	•	•	•
se réveiller	to wake up	•		•	•	•	
se voir	to see each other	•	•		•		•
voir	to see	•	•	•	•	•	•

Clothes

		MEG	NEAB	ULEAC	SEG	WJEC	NICCEA
l'anorak (m)	anorak		•		•	•	
la bague	ring			•			
les baskets	trainers		•				
le blouson	jacket			•	•	•	•
la botte	boot					•	•
la boucle d'oreille	earring						
le bouton	button	•				•	•

		MEG	NEAB	ULEAC	SEG	WJEC	NICCEA
le caleçon	underpants			•			
la ceinture	belt	•	•	•		•	
le chapeau	hat	•	•	•	•	•	•
la chaussette	sock	•	•	•	•	•	•
la chaussure	shoe	•	•	•	•		•
la chemise	shirt	•	•	•	•	•	•
la chemise de nuit	nightie	•	•	•	•		•
le chemisier	blouse		•			•	•
le collant	tights	•	•	•	•	•	•
le collier	necklace						•
le complet	suit (man's)	•	•	•	•	•	•
le costume	suit (man's)	•			•	•	•
la cravate	tie		•	•	•	•	•
la culotte	knickers			•			
l'écharpe (f)	scarf (neck)			•			
le foulard	scarf (head)			•			
le gant	glove	•			•		•
le gilet	waistcoat			•			
l'imperméable (m)	raincoat	•	•	•	•	•	•
le jean	jeans	•	•		•		
la jupe	skirt	•	•	•	•	•	•
le képi	kepi						•
les lunettes (f)	glasses	•	•	•	•	•	•
le maillot de bain	swimming costume	•	•	•	•	•	•
la manche	sleeve				•		•
la mode	fashion	•	•		•		
la montre	watch	•		•	•		•
le mouchoir	handkerchief	•	•	•	•	•	•
l'or (m)	gold				•		•
la paire	pair		•		•		•
le pantalon	pair of trousers	•	•	•	•	•	•
la pantoufle	slipper	•					•
le parapluie	umbrella	•	•	•	•	•	•
le pardessus	overcoat				•	•	•
la poche	pocket	•		•	•	•	•
la pointure	size (shoes)	•	•	•	•	•	•
le porte-monnaie	purse	•		•	•	•	•
le portefeuille	wallet	•		•	•	•	•
le pull(over)	pullover	•	•		•	•	•
le pyjama	pyjamas		•			•	•

		MEG	NEAB	ULEAC	SEG	WJEC	NICCEA
la robe	dress	•	•	•	•	•	
le rouge à lèvres	lipstick			•			
le ruban	ribbon						•
le sac à main	handbag	•			•	•	•
la sandale	sandal			•			•
le short	shorts	•	•				•
le slip	briefs	•	•	•	•	•	•
le soulier	shoe					•	•
le soutien-gorge	bra	•		•			
le survêtement	tracksuit			•			
le T-shirt	T-shirt					•	
le tablier	apron	•					
le tricot	sweater					•	•
la veste	jacket	•	•	•	•	•	•
les vêtements (m)	clothes	•	•	•	•	•	•

FREE TIME AND SOCIAL ACTIVITIES

Free time

		MEG	NEAB	ULEAC	SEG	WJEC	NICCEA
avec plaisir	with pleasure		•		•	•	•
le bal	dance	•	•		•	•	
la balle	ball			•	•	•	•
le bar	bar	•	•	•	•	•	•
le bistrot	bar/pub					•	
la boîte de nuit	night club				•	•	•
les boules (f)	bowls						•
la boum	party	•	•			•	•
le bricolage	DIY	•			•	•	•
le café	café	•			•	•	•
le café-tabac	café/tobacconist's			•	•	•	•
la canne à pêche	fishing rod				•		
la cassette	cassette	•	•			•	
le CD	CD-player	•					
le centre de loisirs	leisure centre						
le centre sportif	sports centre			•	•		
la chaîne hi-fi	hi-fi	•		•			
la chaîne-stéréo	hi-fi	•	•	•			
le championnat	championship		•			•	
la chance	luck	•	•	•	•	•	•

		MEG	NEAB	ULEAC	SEG	WJEC	NICCEA
la chanson	song	•	•	•	•	•	•
le chanteur(-euse f)	singer	•	•		•	•	
la chose	thing	•	•	•	•	•	•
la cigarette	cigarette					•	•
le cinéma	cinema	•	•			•	•
le cirque	circus	•		•	•	•	
le club	club	•	•	•	•	•	•
le concert	concert	•	•			•	
le congé	holiday/time off	•		•		•	•
la distraction	entertainment		•		•		•
les échecs (m)	chess	•			•	•	
l'électrophone (f)	record-player			•	•	•	
l'exposition (f)	exhibition	•					
la fête	party	•	•	•	•	•	
gonfler	to inflate	•		•			
le jardin d'agrément	pleasure garden						•
le jardin potager	vegetable garden			•			•
le jardin zoologique	zoo						•
le jardinage	gardening		•		•		
le jeu	game	•	•		•		•
le jeu d'arcade	arcade game				•		
le jeu électronique	computer game			•			•
le jeu-vidéo	video game				•		
le jouet	toy	•		•	•	•	•
la location	hiring out/renting out	•		•		•	•
le loisir	leisure, free time	•	•	•	•		
la machine à coudre	sewing machine	•					
le magnétophone à cassettes	cassette recorder			•		•	•
le magnétoscope	video recorder	•	•	•		•	•
la maison des jeunes	youth club			•	•	•	
les mots croisés (m)	crossword						•
la natation	swimming	•	•		•	•	•
l'opéra (m)	opera						•
le passe-temps	hobby		•	•		•	
le patin (à roulettes)	(roller) skate						•
la patinoire	ice-skating rink	•		•		•	•
la pêche	fishing	•	•		•		•
la peinture	painting						•
la piste	ski-slope, track						•
la planche à voile	surf board	•			•	•	•

		MEG	NEAB	ULEAC	SEG	WJEC	NICCEA
la pompe	pump			•	•		
la poupée	doll					•	•
la promenade	walk	•	•		•		•
la radio	radio		•			•	•
la randonnée	long walk				•		
le résultat	result	•	•	•	•	•	
le sac à dos	rucksack	•		•		•	•
le slip de bain	swimming trunks					•	
le spectacle	show	•	•	•	•	•	
le sport	sport	•	•				•
le stade	stadium	•	•	•	•	•	•
le tabac	tobacco	•	•	•	•	•	•
la télévision par cable	cable (TV)					•	
le terrain	pitch	•	•		•	•	•
le vélo	bicycle	•	•	•	•	•	•
la voile	sailing						•
le VTT(vélo tout terrain)	all-terrain bike						
le week-end	week-end		•				•
le yoga	yoga						•

Reading

		MEG	NEAB	ULEAC	SEG	WJEC	NICCEA
la bande dessinée	comic strip	•		•	•	•	•
illustré	illustrated				•		
le journal	newspaper	•	•	•	•	•	•
la lecture	reading	•		•	•	•	•
lire	to read			•	•	•	•
le livre	book	•	•	•	•	•	•
le magazine	magazine	•	•			•	•
la page	page			•		•	•
la revue	magazine						•
le roman	novel	•	•	•			•
le roman d'amour	romance novel	•				•	
le roman policier	detective novel	•				•	

At the cinema

		MEG	NEAB	ULEAC	SEG	WJEC	NICCEA
l'acteur (m)/l'actrice (f)	actor/actress	•	•	•	•	•	
la comédie	comedy						•
le commencement	start						•
le début	beginning	•	•		•		•
le dessin animé	cartoon	•	•	•	•	•	•

	MEG	NEAB	ULEAC	SEG	WJEC	NICCEA
le film comique	comedy	•	•			•	•
le film d'amour	romantic film	•	•			•	•
le film d'aventures	adventure film	•	•			•	•
le film d'épouvante	horror film	•	•			•	•
le film d'horreur	horror film	•	•			•	•
le film policier	detective film						•
la fin	end	•			•	•	•
l'ouvreuse (f)	usherette					•	
la pièce de théâtre	play	•			•	•	•
le rang	row				•		
la séance	performance		•		•	•	•
sous-titré	sub-titled	•	•			•	
le théâtre	theatre	•	•			•	•
la vedette	star	•	•	•	•	•	
en version française	dubbed in French	•	•			•	
en version originale	not dubbed	•	•				
le western	western film					•	•

Music

	MEG	NEAB	ULEAC	SEG	WJEC	NICCEA
classique	classical		•		•		
le disc compact	compact disc		•				
la disco (thèque)	disco		•			•	•
le disque	record	•	•	•	•	•	•
l'hi-fi (f)	hi-fi		•				
le jazz	jazz		•				
jouer du piano	to play the piano					•	
le/la musicien (-ienne f)	musician	•				•	•	•
la musique	music	•	•			•	•	•
la musique classique	classical music		•		•		
l'orchestre (m)	orchestra	•	•				
pop	pop				•	•	
le rock	rock		•				
le son	sound						•
le studio	studio			•			
tenir	to hold	•			•	•	•

Musical instruments

	MEG	NEAB	ULEAC	SEG	WJEC	NICCEA
la flûte à bec	recorder	•			•		
la guitare	guitar	•					
l'instrument (m)	instrument	•				•	

		MEG	NEAB	ULEAC	SEG	WJEC	NICCEA
le piano	piano	•	•				•
la trompette	trumpet				•		
la trousse	instrument case						
le violon	violin	•	•				•

TV

		MEG	NEAB	ULEAC	SEG	WJEC	NICCEA
les actualités (f)	news	•		•	•		
la cassette vidéo	video cassette		•			•	
l'écran (m)	screen			•	•	•	
l'émission (f)	programme	•	•	•	•	•	
en différé	not live					•	
en direct	live					•	
le feuilleton	soap			•	•	•	
l'image (f)	picture		•	•	•	•	•
les informations (f)	news	•	•	•	•	•	•
le journal télévisé	TV news					•	
l'onde (f)	wavelength			•			
le programme	programme	•	•			•	•
le satellite	satellite	•				•	
le téléspectateur	viewer	•				•	
le téléviseur	TV set				•	•	
la télévision	televison	•	•			•	•

Verbs

		MEG	NEAB	ULEAC	SEG	WJEC	NICCEA
accompagner	to accompany	•	•	•	•	•	•
acheter	to buy	•	•	•	•	•	•
aimer	to like/love	•	•	•	•	•	•
s'allonger	to lie down	•					
s'amuser	to have a good time		•		•	•	•
se baigner	to bathe	•			•	•	•
bavarder	to chatter	•	•		•	•	
bricoler	to do DIY	•		•	•	•	•
se bronzer	to sunbathe	•				•	•
chanter	to sing	•	•	•	•	•	•
dessiner	to draw	•	•	•	•	•	
se détendre	to relax			•			
écouter	to listen	•	•	•	•	•	•
faire des promenades	to go for walks		•			•	•
faire du bricolage	to do DIY					•	•
faire du lèche-vitrines	to go window shopping	•					

		MEG	NEAB	ULEAC	SEG	WJEC	NICCEA
faire le jardinage	to do the gardening				•		
faire une promenade	to go for a walk				•	•	•
faire une randonnée	to go for a long walk				•		
fumer	to smoke	•	•	•	•	•	
jouer aux cartes	to play cards			•	•		
jouer de la musique	to play music			•	•		
manger	to eat	•	•	•	•	•	•
marcher	to walk		•	•	•	•	
nager	to swim		•	•	•	•	•
parler	to talk		•	•	•	•	•
patiner	to skate						•
pêcher	to fish						•
rire	to laugh	•	•	•	•	•	•
sauter	to jump		•	•	•	•	•
sortir	to go out	•	•	•	•	•	
visiter (un endroit)	to visit (a place)	•	•		•	•	•
voyager	to travel	•	•		•	•	•

HOLIDAYS

On holidays

		MEG	NEAB	ULEAC	SEG	WJEC	NICCEA
l'appareil photo (m)	camera	•		•			•
les arrhes (f)	deposit			•	•		
l'arrivée (f)	arrival	•	•		•	•	•
au bord de la mer	at the sea-side			•	•	•	
l'auto-stop (m)	hitch-hiking	•				•	
l'aventure (f)	adventure			•	•		•
bon voyage!	have a good trip!			•	•	•	•
bon week-end!	have a good weekend!			•		•	•
la brochure	brochure	•	•		•	•	•
le bureau de renseignements	information office			•	•	•	
le bureau de tourisme	tourist office			•	•	•	
la carte	map	•		•	•	•	•
la colonie de vacances	holiday camp for children				•		
déclarer	to declare				•		•
le dépliant	leaflet	•	•			•	•
la douane	customs	•	•	•	•	•	•
l'étranger (m)	foreigner	•			•	•	•
à l'étranger (m)	abroad	•	•		•	•	•

		MEG	NEAB	ULEAC	SEG	WJEC	NICCEA
l'excursion (f)	trip	•	•			•	•
le gîte	rented property		•	•	•	•	•
le groupe	group	•	•		•	•	•
le/la guide	guide	•				•	•
l'hébergement (m)	lodging					•	
l'idée (f)	idea	•	•		•	•	
l'identité (f)	identity					•	•
la N2	Route Nationale 2				•		
le passager	passenger						•
le passeport	passport	•	•		•	•	•
la pellicule	film (for camera)	•		•	•	•	
la photo	photo			•			•
le projet	plan	•			•		
les renseignements (m)	information	•	•		•	•	•
la réservation	reservation			•		•	•
le retard	delay	•	•		•	•	•
la saison	season	•	•	•	•	•	•
le séjour	stay			•	•	•	•
le ski	skiing	•	•			•	•
le souvenir	souvenir			•	•		
la station de ski	ski resort					•	
le syndicat d'initiative	tourist office	•		•	•	•	•
le tour	tour						•
le/la touriste	tourist	•	•				
le trajet	journey	•		•		•	
les vacances (f)	holidays	•	•	•	•	•	•
la valise	suitcase	•		•	•	•	
la visite	visit	•	•		•		•
le voyage	journey	•		•	•		•
le voyageur	traveller	•	•				•

Camping

		MEG	NEAB	ULEAC	SEG	WJEC	NICCEA
l'accueil (m)	welcome, reception			•			
l'allumette (f)	match			•	•	•	•
le bloc sanitaire	toilet block	•			•	•	•
le camp	camp				•		
le campeur	camper	•				•	
le camping	campsite	•	•		•	•	•
le canif	penknife				•		
la caravane	caravan	•	•		•	•	

		MEG	NEAB	ULEAC	SEG	WJEC	NICCEA
la corde	rope						•
l'eau non-potable	non-drinking water	•			•	•	•
l'emplacement (m)	pitch	•		•	•	•	•
l'endroit (m)	spot/place	•	•	•	•	•	
le feu	fire	•		•			•
la lampe à poche	torch			•			
le matériel	equipment	•					•
le moustique	mosquito				•		•
non-potable	not drinking water					•	•
l'ouvre-boîte (m)	tin-opener	•		•			
l'ouvre-bouteille (m)	bottle-opener			•			
la pile	battery	•		•			
le plat cuisiné	cooked meal				•	•	•
en plein air	in the open air				•		•
la salle de jeux	games room				•	•	
la tente	tent	•				•	•

At the hotel

		MEG	NEAB	ULEAC	SEG	WJEC	NICCEA
l'ascenseur (m)	lift	•		•	•	•	•
l'auberge de jeunesse (f)	youth hostel	•	•	•	•	•	•
les bagages (m)	luggage	•	•	•	•	•	•
la chambre avec un grand lit	room with a double bed	•	•	•	•	•	•
la chambre de famille	family room	•	•	•	•	•	•
la chambre de libre	room free					•	•
la chambre pour deux personnes	double room	•	•	•	•	•	•
la chambre pour une personne	single room	•	•	•	•	•	•
la clé	key	•		•	•	•	•
la clef	key						
le domicile	home/place of residence	•				•	•
le dortoir	dormitory	•			•	•	•
en avance	in advance	•			•		•
la fiche	form	•	•	•	•	•	•
l'hôtel (m)	hotel	•	•		•	•	•
inclus	included		•				
libre	free	•	•	•	•	•	•
le message	message		•				•
la nationalité	nationality	•					
né le ...	born on the ...	•	•			•	•

		MEG	NEAB	ULEAC	SEG	WJEC	NICCEA
le nom	name	•	•	•	•	•	•
le nom de famille	surname	•		•	•		•
par jour	per day		•				•
par personne	per person		•				•
la pension (complète)	full board	•	•		•	•	•
le prénom	first name	•	•	•	•	•	•
la réception	reception	•				•	•
le règlement	set of rules				•		
le sac de couchage	sleeping bag	•			•	•	•
la vue	view	•	•	•	•	•	•

Verbs

		MEG	NEAB	ULEAC	SEG	WJEC	NICCEA
accepter	to accept	•	•	•	•	•	•
s'en aller	to go away	•					•
s'allonger	to lie down	•					
arriver	to arrive	•	•	•	•		•
attendre	to wait for	•	•	•	•	•	•
atterrir	to land (plane)	•		•			
attirer	to attract	•					
avoir envie de	to want to	•					
se baigner	to bathe	•			•	•	•
boire	to drink	•	•	•	•	•	•
se bronzer	to sunbathe	•					•
changer	to change	•	•	•	•	•	•
comprendre	to understand	•	•	•		•	•
conduire	to drive	•		•	•	•	•
confirmer	to confirm			•	•	•	
connaître	to know (a person or place)	•	•	•	•	•	•
coûter	to cost	•	•		•	•	•
danser	to dance	•	•			•	
décoller	to take off (plane)	•		•			
découvrir	to discover	•		•			
dépenser	to spend (money)	•		•	•	•	•
donner sur	to overlook	•		•	•		•
dormir	to sleep	•	•	•	•	•	•
s'échapper	to escape			•			
économiser	to save (money)						•
s'ennuyer	to be bored	•		•	•		
envoyer	to send	•	•	•	•	•	•

	MEG	NEAB	ULEAC	SEG	WJEC	NICCEA
faire des économies	to save money	●			●	●	●
faire des promenades	to go for walks	●					●
faire du camping	to camp	●		●	●	●	●
faire le plein	to fill up			●	●	●	●
grimper	to climb			●			●
jouer	to play	●	●	●	●	●	
jouer au football	to play football				●		
loger	to give accommodation	●		●	●	●	●
louer	to hire	●	●	●	●	●	●
nager	to swim		●	●	●	●	●
se noyer	to drown	●			●		
parler	to talk		●	●	●	●	●
partir	to leave	●	●	●	●	●	●
payer	to pay	●	●		●		●
pêcher	to fish						●
prendre des photos	to take photos				●		
se promener	to go for a walk	●		●	●	●	●
se renseigner	to get information						●
réserver	to book	●	●			x	●
rester	to stay	●	●	●	●	●	●
retourner	to return	●	●	●	●	●	●
revenir	to return	●	●	●			
signer	to sign	●	●		●	●	●
sonner	to ring	●		●	●	●	●
sortir	to go out	●	●	●	●	●	
traverser	to cross	●	●	●	●	●	●
trouver	to find	●	●	●	●		●
se trouver	to find oneself	●		●	●		●
venir	to come	●	●	●	●	●	●
visiter (un endroit)	to visit a place	●	●		●	●	●
voir	to see	●	●	●	●	●	●
voyager	to travel	●	●		●	●	●

Abstractions

	MEG	NEAB	ULEAC	SEG	WJEC	NICCEA
l'amitié (f)	friendship	●		●			●
le bonheur (m)	happiness	●					●
le caractère	temper/temperament	●	●	●	●		
le changement	change	●					
l'épouvante (f)	fear			●			
l'espoir (m)	hope	●		●			

		MEG	NEAB	ULEAC	SEG	WJEC	NICCEA
l'état (m)	state	•		•			•
la façon	the way (of doing something)				•		
la faim	hunger	•	•	•	•	•	•
le goût	taste	•		•			
la honte	shame	•					
l'odeur (f)	smell	•		•	•		
la peur	fear	•			•		•
la politesse	courtesy						•
la vérité	truth	•		•			•

Expressions

		MEG	NEAB	ULEAC	SEG	WJEC	NICCEA
d'accord	okay	•	•	•	•	•	•
ah, bon!	I see!			•			
aïe!	ouch!			•			
bon appétit!	enjoy your meal!			•		•	
au revoir	goodbye	•	•	•	•	•	•
au secours!	help!	•	•	•	•	•	•
bien entendu	of course					•	•
bien sûr	of course	•		•	•	•	•
eh bien!	well then!			•		•	•
à bientôt	see you soon!	•	•		•	•	•
la bienvenue	welcome	•	•	•	•	•	•
bof!	so what?			•	•		
bonjour	good morning			•	•	•	
bonne chance!	good luck!			•	•	•	
bonne fête!	happy saint's day			•	•	•	
bonne nuit	good night			•	•	•	
bonsoir	good evening			•	•	•	
bravo!	well done!			•			
c'est-à-dire	that is to say			•	•		•
ça alors!	gosh!						•
ça dépend	it depends			•	•		
ça m'est égal	I don't care				•	•	
ça va	things are fine/it's okay			•	•		•
certainement!	certainly!			•		•	•
chouette!	great!			•	•	•	•
à demain	see you tomorrow!	•	•	•	•	•	•
désolé!	very sorry!	•	•	•	•	•	•
quel dommage!	what a pity!	•	•	•	•	•	•

		MEG	NEAB	ULEAC	SEG	WJEC	NICCEA
entendu	agreed	•	•		•		•
excuser	to excuse	•	•		•	•	•
excusez-moi	sorry			•	•	•	•
j'en ai marre	I'm fed up				•		
je m'excuse	I am sorry/I apologise	•					
je ne sais pas	I don't know	•					
je veux bien	I would like to/						
	I am willing to	•					
je voudrais	I would like to	•					
lève-toi!	get up!				•	•	•
levez-vous!	get up!				•	•	•
merci	thank you	•	•	•	•	•	•
merci beaucoup	thank you very much	•	•		•	•	•
à mon avis	in my opinion				•	•	
mon Dieu	my goodness			•	•		
non	no		•	•	•	•	•
nul!	useless!			•	•		
pardon	excuse me	•	•	•		•	•
avec plaisir	with pleasure					•	•
pour commencer	to start with				•		•
quand même	all the same					•	
de rien	don't mention it	•	•	•	•	•	•
s'il te/vous plaît	please			•	•	•	
salut	hello			•	•	•	•
à samedi	see you on Saturday	•	•		•	•	
sers-toi	help yourself					•	•
ça suffit	that's enough						•
tant mieux	so much the better	•		•	•		•
tant pis	too bad	•		•	•		•
le truc	thingumajig	•				•	
zut!	heck!			•		•	

SPECIAL OCCASIONS

Occasions

	English	MEG	NEAB	ULEAC	SEG	WJEC	NICCEA
l'anniversaire (m)	birthday	•	•	•	•	•	•
bon anniversaire	happy birthday		•	•		•	•
bonne année	happy new year	•		•		•	•
la bûche de Noël	Christmas log						•
le cadeau	present	•	•	•	•	•	•
catholique	Catholic						•
Dieu (m)	God						•
les félicitations (f.pl.)	congratulation	•		•	•	•	•
un jour férié	a bank holiday		•				•
fêter	to celebrate						•
un feu d'artifice (m)	fireworks						•
le Jour de l'An	New Year's Day				•		•
le jour férié	a bank holiday	•		•		•	•
joyeux Noël!	Happy Christmas!	•	•			•	•
le mariage	wedding					•	•
le marié/la mariée	groom/bride	•		•		•	•
meilleurs voeux	best wishes						•
la messe	mass						•
la mort	death	•		•	•	•	•
la naissance	birth	•		•	•	•	•
les noces (f)	wedding				•		
Noël (m)	Christmas	•	•	•		•	•
le Nouvel An	New Year				•		
Pâques (f)	Easter	•	•	•	•		•
la Pentecôte	Whitsun						•
protestant	Protestant						•
souhaiter	to wish					•	•
le Tour de France	Tour de France				•		•
la Toussaint	All Saint's Day						•
la vendange	grape harvest	•					

Incidents

	English	MEG	NEAB	ULEAC	SEG	WJEC	NICCEA
l'assurance (f)	insurance	•					
au feu!	fire!						•
le cambriolage	burglary					•	
le cambrioleur	burglar			•			

		MEG	NEAB	ULEAC	SEG	WJEC	NICCEA
la collision	collision	•					•
crevé	punctured	•		•	•	•	
le danger	danger	•			•		•
disparu	disappeared	•		•	•		
l'explosion (f)	explosion			•			
l'incendie (m)	fire	•		•	•	•	•
l'inondation (f)	flood	•		•			
le meutre	murder	•		•			
les objets trouvés (m)	lost property	•	•		•		•
la police-secours	emergency services			•			
la récompense	reward	•		•		•	•
le tremblement de terre	earthquake						•
le trésor	treasure			•			
le trou	hole	•		•	•		•
tuer	to kill	•		•			•
voler	to steal	•		•	•	•	•
le voleur	thief	•		•		•	
le voyou	hooligan			•			

Verbs

		MEG	NEAB	ULEAC	SEG	WJEC	NICCEA
aider	to help		•	•	•	•	•
aller chercher	to fetch				•	•	
aller mieux	to be better		•		•	•	
allumer	to light, switch on	•	•	•	•	•	•
améliorer	to improve	•					
assister à	to be present at	•					•
attendre	to wait for	•	•	•	•	•	•
attraper	to catch	•				•	•
avaler	to swallow	•					
battre	to beat	•					•
cambrioler	to burgle	•					
chercher	to look for	•		•	•	•	
crier	to shout	•		•		•	
déchirer	to tear	•					
découvrir	to discover	•		•			
disparaître	to disappear				•		
se disputer	to argue/quarrel	•					
doubler	to overtake			•		•	
s'échapper	to escape			•			
faire de l'autostop	to go hitch-hiking			•		•	•

		MEG	NEAB	ULEAC	SEG	WJEC	NICCEA
freiner	to brake	•			•	•	•
glisser	to slip, to slide					•	•
se noyer	to drown	•				•	
oublier	to forget	•	•	•	•	•	•
perdre	to lose	•	•	•	•	•	•
pleurer	to cry	•		•	•	•	•
pousser	to push	•		•	•	•	•
protéger	to protect						•
punir	to punish	•		•			
remarquer	to notice				•	•	•
remercier	to thank	•	•	•	•		•
renverser	to knock over/spill	•			•		
réussir	to succeed						•
soupçonner	to suspect			•			

Feelings

		MEG	NEAB	ULEAC	SEG	WJEC	NICCEA
amoureux (-euse f) de	in love with			•			
en colère	angry			•			
content	pleased	•	•		•	•	•
curieux (-euse f)	curious	•	•	•	•	•	•
déçu	disappointed	•				•	•
fâché	angry	•				•	•
fatigué	tired	•	•	•	•	•	•
fier (fière f)	proud						•
furieux (-ieuse f)	furious						•
gai	cheerful	•					
heureux (-euse f)	happy	•	•		•	•	•
inquiet (-iète f)	worried	•				•	
jaloux (-ouse f)	jealous	•					
ravi	delighted	•			•	•	•
reconnaissant	grateful			•			
satisfait	satisfied	•		•		•	•
surpris	surprised			•			
triste	sad	•	•	•	•	•	•

The world around us

HOME TOWN AND LOCAL AREA

In the street

		MEG	NEAB	ULEAC	SEG	WJEC	NICCEA
l'affiche (f)	poster			•		•	•
l'allée (f)	lane, path	•					
l'avenue (f)	avenue	•	•	•	•	•	•
le banc	bench						•
le boulevard	avenue			•	•	•	•
le bout	end			•		•	•
le bruit	noise	•	•	•	•	•	•
le carrefour	crossroads	•	•		•	•	
le centre	centre			•		•	•
le centre-ville	town-centre			•	•	•	•
la circulation	traffic	•		•		•	•
le code de la route	highway code					•	•
le coin	corner	•	•		•	•	•
défendu	forbidden	•		•			•
devant	in front of	•	•	•	•	•	•
la direction	direction			•		•	•
l'embouteillage (m)	traffic jam	•		•		•	
le feu (rouge)	traffic lights	•	•	•	•	•	•
le flic	policeman						•
la gendarmerie	police station				•		
H.L.M. (une habitation à loyer modéré)	council flat					•	•
interdit	forbidden	•	•	•	•	•	•
le kiosque	kiosk					•	•
le kiosque à journeaux	newspaper kiosk			•		•	
le mètre	metre	•	•		•	•	•
la mobylette	small motorcycle						•
le panneau	(road) sign		•			•	
le passage à niveau	level crossing	•					•

		MEG	NEAB	ULEAC	SEG	WJEC	NICCEA
le passage clouté	pedestrian crossing	•					•
le passant	passer-by						•
le piéton	pedestrian	•		•	•	•	•
prière de ...	please do not ...	•		•			•
la queue	queue			•	•		•
le rond-point	roundabout		•	•		•	
la rue	street	•	•	•	•	•	•
sens interdit	no entry	•				•	•
sens unique	one-way			•		•	•
la tour	tower						•
tourner	to turn	•	•	•	•	•	•
tout droit	straight on	•	•	•	•	•	
toutes directions	all traffic	•			•	•	
le trottoir	pavement	•		•		•	•
se trouver	to be found/to be situated	•	•		•		•
In town							
la banlieue	outskirts (of a city)/suburbs	•	•		•	•	•
la fontaine	fountain			•			
l'habitant (m)	inhabitant		•	•	•		
l'industrie (f)	industry	•				•	•
le jardin public	park	•	•	•		•	•
le parc	park	•	•		•		•
parisien (-ienne f)	Parisian		•				
le parking	car park		•	•		•	•
la piscine	swimming pool		•	•	•	•	•
la place	square	•	•	•	•	•	•
le plan	map (of town)	•	•			•	•
le pont	bridge	•	•	•	•	•	•
le quartier	district	•	•	•	•	•	•
The buildings							
le bâtiment	building	•	•	•	•	•	•
la bibliothèque	library	•		•	•	•	•
le bureau des objets trouvés	lost-property office	•	•			•	•
la cathédrale	cathedral	•	•			•	
le centre commercial	shopping centre		•		•	•	•
le château	castle	•	•	•	•	•	•
le commissariat	police station		•	•	•	•	•
l'église (f)	church	•	•	•	•	•	•

		MEG	NEAB	ULEAC	SEG	WJEC	NICCEA
l'hôpital (m)	hospital	•	•		•	•	
l'hôtel de ville (m)	town hall	•	•		•	•	•
l'immeuble (m)	block of flats	•	•		•	•	•
la mairie	town hall	•	•		•	•	•
le monument	monument	•	•		•	•	•
le musée	museum	•	•	•	•	•	•
l'office du tourisme (m)	tourist office	•				•	•
P et T (Postes et Télécommunications)	Post Office	•			•		•
le poste de police	police station					•	
The shops							
l'agence de voyages (f)	travel agent's	•	•		•	•	•
l'alimentation (f)	grocer's	•	•	•	•	•	•
le boucher/la bouchère	butcher	•	•		•	•	•
la boucherie	butcher's	•	•	•	•	•	•
la boulangerie	baker's	•	•	•	•	•	•
le boulanger/la boulangère	baker	•	•		•	•	•
la boutique	shop	•	•	•		•	•
le bureau de poste	post office	•			•	•	
le bureau de tabac	tobacconist's		•	•	•	•	
la charcuterie	pork butcher's	•	•	•	•	•	•
la confiserie	sweet shop/delicatessen	•	•	•		•	•
la crémerie	dairy				•		
la crêperie	pancake shop						•
l'épicerie (f)	grocer's	•	•	•	•	•	•
l'épicier/l'épicière	grocer	•	•		•	•	•
la librairie	book shop	•			•	•	•
le libre-service	self-service				•	•	•
le marchand de fruits et de légumes	greengrocer				•		
la papèterie	stationer's			•			
la parfumerie	perfume shop	•	•		•		•
la pâtisserie	cake shop			•	•		•
la pharmacie	chemist's	•	•	•	•	•	•
le pharmacien	chemist					•	•
la poissonnerie	fish shop	•			•		•
Shopping							
l'achat (m)	purchase	•				•	•

		MEG	NEAB	ULEAC	SEG	WJEC	NICCEA
l'article (m)	article					•	
et avec ça?	anything else?	•	•		•	•	•
l'argent (m)	money	•	•	•	•	•	•
c'est combien?	how much is it?	•	•		•	•	
c'est tout	that's all	•	•		•	•	
la cabine d'essayage	fitting room						•
le chariot	trolley (supermarket)					•	•
le client	customer	•	•	•	•	•	•
combien?	how much?/how many?	•	•	•	•	•	•
l'étage (m)	floor, storey	•	•	•	•	•	•
faire les commisions	to do the shopping						•
fermé	closed	•	•		•	•	•
la fermeture	closing				•	•	
le gramme	gram	•	•			•	•
le grand magasin	department store			•			
gratuit	free (of charge)	•	•	•	•	•	•
l'hypermarché (f)	hypermarket		•	•	•	•	•
le kilo	kilo	•	•		•	•	•
la liste	list		•		•		•
le magasin	shop	•	•	•	•	•	•
le marché	market	•	•	•	•	•	•
le morceau	piece	•	•	•	•		•
ouvert	open		•		•	•	•
l'ouverture (f)	opening				•	•	•
le panier	basket	•				•	•
le parfum	perfume	•	•	•	•	•	
pas très cher	not very expensive	•	•				•
pas trop cher	not too expensive	•	•				•
le prix	price	•	•	•	•	•	•
le prix fixe	set price				•	•	
la promotion	special offer	•				•	
le rayon	shop department	•		•	•	•	•
le reçu	receipt					•	•
la réduction	reduction	•	•			•	•
réduit	reduced	•	•			•	•
le sac	bag	•	•	•	•	•	•
les soldes (f)	sales						•
la sorte	sort		•		•	•	•
au sous-sol (m)	in the basement		•			•	•
le supermarché	supermarket	•	•	•	•	•	•

		MEG	NEAB	ULEAC	SEG	WJEC	NICCEA
la taille	size/waist	•	•	•	•	•	•
la tranche	slice	•	•	•	•	•	•
TVA (taxe à la valeur ajoutée)	VAT					•	•
une sorte de	a type of					•	
en vente	on sale						•
la vitrine	shop window	•		•		•	•
la zone piétonne	pedestrian zone	•					

Shopping verbs

		MEG	NEAB	ULEAC	SEG	WJEC	NICCEA
acheter	to buy	•	•	•	•	•	•
aller chercher	to fetch					•	•
attirer	to attract	•					
avoir envie de	to want to/to feel like	•					
changer	to change	•	•		•	•	•
commander	to order	•	•	•	•	•	•
comparer	to compare	•	•	•	•	•	
conseiller	to advise	•	•	•			
coûter	to cost	•	•		•	•	•
décider	to decide	•	•		•	•	•
décrire	to describe	•		•	•	•	•
demander	to ask	•	•	•	•	•	•
dépenser	to spend (money)	•		•	•	•	•
désirer	to want	•	•		•	•	•
entrer	to enter	•	•	•	•	•	•
essayer	to try	•	•	•	•	•	•
éviter	to avoid				•		
faire du lèche-vitrines	to go window shopping	•					
faire les courses	to go shopping		•	•	•	•	•
garer	to park	•		•	•		
livrer	to deliver			•			
montrer	to show	•	•	•	•		
payer	to pay	•	•		•		•
plaire	to please	•		•			•
préférer	to prefer		•		•	•	•
prendre	to take	•	•	•	•	•	•
se renseigner	to get information						•
sembler	to seem			•	•		•
servir	to serve	•		•	•		
sonner	to ring	•		•		•	•
stationner	to park	•		•	•	•	•

		MEG	NEAB	ULEAC	SEG	WJEC	NICCEA
trouver	to find	•	•	•	•		•
vendre	to sell	•		•	•	•	•

At the post office

		MEG	NEAB	ULEAC	SEG	WJEC	NICCEA
l'adresse (f)	address	•	•	•	•	•	•
la boîte aux lettres	post box/letter box	•	•	•	•	•	•
la carte postale	postcard	•	•	•	•	•	•
le colis	packet, parcel	•			•		
le courrier	mail	•	•	•		•	
le facteur	postman	•	•	•	•	•	•
la lettre par avion	air-mail letter						•
la lettre recommandée	registered letter						•
mettre à la poste	to post					•	•
le paquet	packet, parcel	•	•	•	•	•	•
par avion	by air			•			
la poste	post	•	•	•	•		•
la poste restante	post restante						•
poster	to post	•	•		•		•
la télégramme	telegram					•	•
le timbre (d'un franc)	(one-franc) stamp	•	•	•	•	•	•
fragile	fragile	•	•	•	•	•	•
urgent	urgent	•	•	•	•	•	•

At the bank

		MEG	NEAB	ULEAC	SEG	WJEC	NICCEA
l'argent (m)	money	•	•	•	•	•	•
l'argent de poche (m)	pocket money	•	•	•	•	•	
la banque	bank	•	•	•	•	•	•
le billet de x francs	x-franc note	•	•		•	•	•
BNP	Banque Nationale de Paris (name of a bank)			•			
le bureau de change	exchange office	•	•		•	•	
la caisse	cash point, till	•	•	•	•	•	
le carnet de chèques	a cheque book		•		•	•	
la carte bancaire	banker's card	•				•	
le centime	centime	•	•	•	•	•	•
le chèque	cheque	•	•		•	•	
le chèque de voyage	traveller's cheque	•	•		•	•	•
la commission	commission	•	•	•	•	•	•
le chéquier	a cheque book			•			

	MEG	NEAB	ULEAC	SEG	WJEC	NICCEA
le compte — account	•		•	•		
le cours — exchange rate	•	•	•	•		•
le Crédit Agricole — Crédit Agricole (French Bank)						•
le franc — franc	•	•	•	•	•	•
le guichet — counter window	•	•	•	•	•	•
la livre sterling — pound sterling		•	•	•	•	•
la monnaie — change	•	•		•	•	•
la pièce — coin	•	•	•	•	•	•
la pièce d'identité — ID	•	•	•	•	•	
la somme — sum						•

Bank verbs

	MEG	NEAB	ULEAC	SEG	WJEC	NICCEA
accepter — to accept	•	•	•	•	•	•
changer — to change	•	•		•	•	•
compter — to count	•		•	•	•	
économiser — to save (money)						•
emprunter — to borrow	•		•			
expliquer — to explain	•	•	•		•	•
faire des économies — to save money		•		•	•	•
fermer — to close	•	•		•		•
prêter — to lend		•	•		•	•
remplir une fiche — to fill in a form	•	•	•	•	•	•
signer — to sign	•	•		•	•	•

THE NATURAL AND MADE ENVIRONMENT

Environment

	MEG	NEAB	ULEAC	SEG	WJEC	NICCEA
l'ambiance (f) — atmosphere	•					
le bassin — pond				•		
le bois — wood	•	•	•	•	•	•
la campagne — countryside	•	•	•	•	•	•
la capitale — capital						•
le champ — field	•	•		•	•	•
le chemin — path, way			•		•	•
la colline — hill	•		•	•	•	
la côte — coast	•	•	•	•		•
l'étoile (f) — star			•	•	•	•

		MEG	NEAB	ULEAC	SEG	WJEC	NICCEA
le fleuve	river	•		•	•		
la forêt	forest	•				•	•
l'herbe (f)	grass	•			•	•	•
l'île (f)	island	•		•	•		•
le lac	lake	•	•	•	•	•	•
la lune	moon				•		•
la mer	sea	•	•	•	•	•	•
le monde	world	•		•	•		•
la montagne	mountain	•	•	•	•	•	•
la nature	nature						•
le pays	country	•	•	•	•		•
le paysage	countryside/scenery	•					•
la région	region	•	•			•	•
la rivière	river	•		•	•		•
le sommet	top (e.g. of a hill)	•					
la terre	earth	•		•	•		•
la vallée	valley	•		•			
le village	village	•	•			•	•
la ville	town/city	•	•	•	•	•	•
le voisin	neighbour	•		•	•	•	
Animals							
l'abeille (f)	bee	•		•			
l'animal (m)	animal	•	•		•	•	•
la bête	animal/creature	•	•	•	•	•	•
le cheval	horse	•	•	•	•	•	•
le cochon	pig					•	•
le coq	cockerel	•					•
la dinde	turkey			•			
l'insecte (m)	insect	•				•	•
le loup	wolf						•
la mouche	fly			•			
l'oiseau (m)	bird	•	•	•	•	•	•
la patte	paw (leg of animal)			•			
la poule	hen		•		•	•	
le renard	fox						•
la souris	mouse	•	•	•		•	•
le taureau	bull			•			
la tortue	tortoise			•			•
la vache	cow	•	•		•	•	•

	MEG	NEAB	ULEAC	SEG	WJEC	NICCEA

At the seaside

French	English	MEG	NEAB	ULEAC	SEG	WJEC	NICCEA
le bateau	boat	•	•	•	•	•	
le bord	edge	•	•		•	•	•
au bord de la mer	at the seaside	•	•		•	•	•
la crème solaire	suncream	•					
la falaise	cliff	•					
la marée	tide	•				•	•
la marée basse	low tide						•
la marée haute	high tide						•
la plage	beach	•	•	•	•	•	•
plonger	to dive				•		•
le port	port	•	•		•	•	•
le rocher	rock			•			
le sable	sand				•	•	•

The colours

French	English	MEG	NEAB	ULEAC	SEG	WJEC	NICCEA
blanc (blanche f)	white	•	•	•	•	•	•
bleu	blue	•	•	•	•	•	•
blond	blond	•	•		•	•	•
brun	brown	•	•	•	•	•	•
châtain	chestnut brown			•	•		
la couleur	colour	•	•	•		•	•
de quelle couleur?	what colour?			•		•	
foncé	dark	•	•	•			
gris	grey	•	•	•	•	•	•
jaune	yellow	•	•	•	•	•	•
marron	brown	•	•	•	•	•	•
noir	black	•	•	•	•	•	•
pâle	pale					•	•
rose	rose/pink	•	•	•	•	•	•
rosé	pink					•	•
rouge	red	•	•	•	•	•	•
roux (rousse f)	reddish-brown/ginger			•		•	•
sombre	dark				•		•
vert	green	•	•	•	•	•	
violet (-ette f)	violet/purple			•			

Adjectives

		MEG	NEAB	ULEAC	SEG	WJEC	NICCEA
assis	sitting			•	•	•	•
aucun	no	•	•				
autre	other	•	•	•	•	•	•
bon marché	cheap		•	•	•	•	•
bref (brève f)	brief			•			
ce, cet, cette, ces	this, these		•		•	•	
chaque	each	•		•	•		•
compris	included	•	•		•	•	•
dernier (-ière f)	last	•	•	•	•	•	•
double	double			•	•		
égal	equal	•		•	•		•
enchanté	delighted	•	•		•	•	•
équivalent	equivalent			•			
essentiel (-elle f)	essential				•		
étrange	strange	•					
facile	easy	•	•	•	•	•	•
fragile	fragile					•	
incroyable	incredible				•	•	
industriel (-elle f)	industrial			•			
international	international				•		
léger (-ère f)	light, slight	•	•	•	•	•	•
lent	slow	•	•	•	•	•	•
même	same	•	•	•	•		•
mouillé	wet	•	•	•		•	
moyen (-enne f)	average	•	•			•	•
naturel (-elle f)	natural	•			•	•	
nécessaire	necessary	•	•		•	•	•
nombreux (-euse f)	numerous	•		•	•	•	
nouveau (-elle f)	new	•	•	•	•	•	•
passager (-ère f)	passing						•
plusieurs	several	•	•		•	•	•
possible	possible	•	•	•		•	•
principal	main			•		•	•
probable	probable				•		
prochain	next	•	•		•	•	•
public (-ique f)	public	•	•			•	•
quelque	some	•	•	•		•	•
rare	rare	•	•		•	•	
réel	real			•			

		MEG	NEAB	ULEAC	SEG	WJEC	NICCEA
régulier (-ière f)	regular					•	
religieux (-ieuse f)	religious		•				
sûr	sure	•				•	•
surprenant	surprising						•
tous, toute (f sing), tous (m pl), toutes (f pl)	all	•	•	•		•	

Compass locations

		MEG	NEAB	ULEAC	SEG	WJEC	NICCEA
l'est (m)	east	•	•	•	•	•	•
le nord	north	•	•	•	•	•	•
l'ouest (m)	west	•	•	•	•	•	•
le sud	south	•	•	•	•	•	•

Directions

		MEG	NEAB	ULEAC	SEG	WJEC	NICCEA
à ... kilomètres (m)	... kilometres away	•	•	•	•	•	•
à ... mètres (m)	... metres away	•	•	•	•	•	•
à ... minutes (f)	... minutes away	•	•	•	•	•	•
le côté	side	•	•		•		•
à droite	to/on the right	•	•	•	•	•	•
la droite	right	•	•		•	•	•
en bas	below, downstairs		•	•	•	•	
en haut	above, upstairs		•		•		
entouré de	surrounded by	•				•	•
en face de	opposite					•	•
la flèche	arrow		•				
à gauche	to/on the left	•	•	•	•	•	
la gauche	left	•	•	•	•	•	
sur votre gauche	on your left	•	•	•	•	•	
là	there	•	•	•	•		•
là-bas	over there	•	•		•	•	
le long de	along		•				
loin d'ici	far from here	•	•	•	•	•	•
loin de	far from	•	•	•	•	•	•
où	where	•	•	•	•	•	•
par ici	this way		•		•		•
par là	that way		•		•		•
partout	everywhere	•		•		•	•
pour aller à ...?	how do I get to ...?					•	•
près de	near	•	•	•	•	•	•
proche	near	•	•	•	•	•	

	MEG	NEAB	ULEAC	SEG	WJEC	NICCEA
tout droit — straight on	•		•			
tout près — very near	•	•				•

Places

	MEG	NEAB	ULEAC	SEG	WJEC	NICCEA
la Chaussée des Géants — The Giants' Causeway						•
la Côte d'Azur — French Riviera			•			•
le département — department (county)			•		•	•
la Tour Eiffel — Eiffel Tower						•

How much?

	MEG	NEAB	ULEAC	SEG	WJEC	NICCEA
absolument — absolutely	•	•	•	•	•	•
assez — enough, quite	•	•	•	•	•	•
beaucoup — a lot	•	•	•	•	•	•
complètement — completely	•	•	•	•	•	
moins — less	•	•	•	•	•	•
moins que — less than	•	•	•	•	•	
peu — little, few	•	•	•	•	•	•
à peu près — approximately				•		
plus — more	•	•	•	•	•	•
plus de — more than +number	•	•		•	•	
plus que — more than	•	•		•	•	
presque — almost	•		•	•	•	•
tout à fait — completely				•		
à toute vitesse — at full speed				•		
trop — too, too much/too many	•	•	•	•	•	•

Where?

	MEG	NEAB	ULEAC	SEG	WJEC	NICCEA
ailleurs — elsewhere	•					
debout — standing	•	•	•	•		•
dedans — inside			•	•		•
dehors — outside	•	•	•	•	•	•
ensemble — together	•					•
là-dedans — inside				•		
là-haut — up there				•	•	
n'importe où — anywhere			•			

How?

	MEG	NEAB	ULEAC	SEG	WJEC	NICCEA
affectueusement — with love						•
amicalement — amicably			•			
bien — well	•	•	•	•	•	•

		MEG	NEAB	ULEAC	SEG	WJEC	NICCEA
de bonne humeur	in a good mood			•	•		•
brièvement	briefly			•			
doucement	gently, softly	•				•	•
exactement	exactly			•	•		
extrêmement	extremely			•			•
à la hâte	in haste						•
lentement	slowly			•	•		•
de mauvaise humeur	in a bad mood				•		
mieux	better			•	•	•	•
pressé	in a hurry				•	•	•
prêt	ready			•	•	•	•
rapidement	quickly			•	•		
soudain	suddenly	•		•	•	•	•
tout à coup	suddenly	•			•	•	•
vite	quickly	•	•		•	•	•
vraiment	truly/really			•	•		

When?

		MEG	NEAB	ULEAC	SEG	WJEC	NICCEA
d'abord	first of all/at first	•	•	•	•	•	•
actuellement	at the present time				•		
alors	then		•	•	•	•	•
l'an (m)	year	•	•	•	•	•	•
l'année (f)	year	•	•	•	•	•	•
après	after	•	•	•	•	•	•
après-demain	the day after tomorrow	•	•				•
l'après-midi (m)	afternoon	•	•	•	•	•	•
aujourd'hui	today	•	•	•	•	•	•
autrefois	in the past	•					
avant	before	•	•	•	•	•	•
avant-hier	the day before yesterday	•	•			•	
l'avenir (m)	future	•		•			
bientôt	soon	•	•	•	•	•	•
combien de temps?	how long?	•	•	•	•	•	•
d'avance	in advance	•					•
de bonne heure	early					•	
de temps en temps	from time to time	•				•	
au début	at the beginning			•	•		•
demain	tomorrow	•	•	•	•	•	•
depuis	since	•	•	•	•	•	•
en même temps que	at the same time as		•				

	MEG	NEAB	ULEAC	SEG	WJEC	NICCEA
en retard	late					•	
encore une fois	once again		•				•
ensuite	next	•	•	•	•	•	•
la fois	time, occasion	•	•	•	•	•	
à l'heure	on time	•		•	•		
l'heure (f)	hour, time	•	•	•	•	•	•
hier	yesterday	•	•	•	•	•	•
hier soir	last night	•	•		•	•	•
huit jours	week		•			•	
l'instant (m)	instant/moment		•				•
le jour	day (moment in time)	•	•	•	•	•	•
la journée	day (period of time)	•	•		•	•	•
jusqu'à	until	•	•		•	•	•
le lendemain	the next day	•		•	•	•	
longtemps	a long time		•	•	•	•	
maintenant	now	•	•	•	•	•	
le matin	morning (moment in time)	•	•	•	•		
la matinée	morning (period of time)						•
midi	midday		•	•	•	•	•
minuit	midnight	•	•	•	•	•	
la minute	minute	•	•		•	•	
le mois	month	•	•		•	•	
le moment	moment	•	•		•	•	
la nuit	night	•	•	•	•	•	•
parfois	occasionally		•			•	
à partir de	from	•	•		•	•	•
le passé	past		•				
pendant	during	•	•		•	•	
pendant que	while	•	•	•	•		
puis	then		•	•	•	•	•
quand? combien de temps?	when? how long?						•
à quelle heure?	at what time?		•			•	
quelquefois	sometimes	•	•		•	•	•
la quinzaine	fortnight				•	•	•
quinze jours	fortnight		•				•
récent	recent	•				•	•
en retard	late	•	•		•	•	•
la seconde	second		•				
la semaine	week	•			•	•	
le siècle	century	•				•	

		MEG	NEAB	ULEAC	SEG	WJEC	NICCEA
le soir	evening (moment in time)		•	•	•	•	•
la soirée	evening (period in time)	•	•	•	•	•	•
souvent	often	•	•	•	•	•	•
sur le point de (+ inf)	on the point of/about to			•			
tard	late	•	•	•	•	•	•
de temps en temps	from time to time					•	•
tôt	early	•	•	•	•	•	•
toujours	still, always	•	•	•	•	•	•
tous les jours	every day			•	•		•
tous les mois	every month					•	
tout à l'heure	just now	•		•		•	•
tout de suite	straight away	•	•	•	•	•	•
toutes les ... minutes	every ... minutes	•	•				
en train de (+ inf)	in the act of	•	•				•

The weather

		MEG	NEAB	ULEAC	SEG	WJEC	NICCEA
l'averse (f)	shower (of rain)	•				•	
le brouillard	fog	•	•	•		•	•
la brume	mist	•		•			•
la chaleur	heat	•		•			
le ciel	sky	•		•	•	•	•
le climat	climate	•	•	•	•		•
le degré	degree		•				
l' éclair (m)	flash of lightning	•					•
l' éclaircie (f)	bright period				•		
la glace	ice	•	•	•	•	•	•
la météo	weather forecast	•	•	•	•	•	•
la neige	snow	•	•	•	•		
le nuage	cloud	•	•	•	•	•	•
l'orage (m)	storm	•	•	•	•	•	•
la pluie	rain	•	•	•	•	•	•
la pression	pressure					•	
le soleil	sun	•	•	•	•	•	•
la température	temperature	•	•			•	•
la tempête	storm	•					•
le temps	weather	•	•	•	•	•	•
le tonnerre	thunder	•					•
le vent	wind	•	•	•		•	•
le verglas	black-ice			•			
la visibilité	visibility						•

	MEG	NEAB	ULEAC	SEG	WJEC	NICCEA

Weather adjectives

French	English	MEG	NEAB	ULEAC	SEG	WJEC	NICCEA
agréable	pleasant	•	•	•	•	•	•
chaud	hot	•	•	•	•	•	•
couvert	cloudy/overcast			•		•	•
doux (douce f)	mild	•				•	•
ensoleillé	sunny	•		•		•	
fort	strong	•	•		•	•	•
froid	cold	•	•	•	•	•	•
lourd	heavy, sultry	•	•	•	•	•	•
humide	damp						•
orageux (-euse f)	stormy	•			•	•	
sec (-sèche f)	dry	•	•	•	•	•	•
pluvieux (-ieuse f)	rainy	•				•	
variable	variable						•

Weather verbs

French	English	MEG	NEAB	ULEAC	SEG	WJEC	NICCEA
briller	to shine	•				•	•
il fait beau/chaud/froid/du vent	it is nice/hot/cold/windy	•	•	•	•	•	•
il gèle/neige/pleut	it is freezing/snowing/raining	•	•	•	•	•	•
geler	to freeze	•	•		•	•	
neiger	to snow	•	•	•	•	•	•
pleuvoir	to rain	•	•	•	•	•	•
tonner/le tonnerre	to thunder/thunder	•					

Shapes and sizes

French	English	MEG	NEAB	ULEAC	SEG	WJEC	NICCEA
aigu (aiguë f)	sharp	•					
carré	square	•			•	•	
court	short	•	•	•	•	•	•
demi	half	•	•	•	•	•	•
dur	hard	•	•	•		•	•
énorme	enormous						•
entier (entière f)	whole				•		
épais (épaisse f)	thick					•	•
étroit	narrow	•	•	•	•		
grand	big	•	•	•			•
gros	large/fat	•	•		•	•	•
large	wide	•	•	•	•	•	•
long (longue f)	long	•	•		•	•	•

		MEG	NEAB	ULEAC	SEG	WJEC	NICCEA
petit	small	•	•	•	•	•	•
rectangulaire	rectangular		•				
rond	round	•	•	•	•	•	•
vide	empty	•	•	•	•	•	•

General adverbs

		MEG	NEAB	ULEAC	SEG	WJEC	NICCEA
au moins	at least	•	•		•	•	
aussi	also	•	•	•	•	•	•
comme	as, like	•	•	•	•	•	•
comme ci comme ça	so-so		•		•		
comment	how	•	•	•	•	•	•
au contraire	on the contrary		•				•
d'habitude	normally		•	•	•	•	•
d'où	where from		•				•
déjà	already	•		•	•	•	•
sans doute	no doubt						•
également	equally						•
encore	still, again, yet	•	•	•	•	•	•
généralement	usually	•	•				
immédiatement	straight away				•	•	
malheureusement	unfortunately		•		•	•	•
normalement	normally		•		•		•
de nouveau	again					•	•
un peu plus	a little more		•				
peut-être	perhaps	•	•	•	•	•	•
plutôt	rather	•	•		•		•
pour	for		•	•	•	•	
pourtant	however						•
récemment	recently	•			•		•
seul	alone	•		•	•	•	•
seulement	only		•	•	•	•	•
surtout	especially				•	•	•
très	very		•		•	•	•

People

Positive adjectives

French	English	MEG	NEAB	ULEAC	SEG	WJEC	NICCEA
accueillant	welcoming		•				
affectueux (-euse f)	affectionate		•				•
aimable	pleasant	•	•	•	•	•	•
amusant	funny	•	•	•	•	•	
avantageux (-euse f)	advantageous		•				
beau (belle f)	beautiful	•	•	•	•	•	•
bon (bonne f)	good	•	•	•		•	•
célèbre	famous	•	•			•	•
charmant	charming	•	•			•	•
chic	elegant					•	
correct	correct		•				•
au courant	well-informed						•
drôle	funny		•	•	•	•	
élégant	elegant	•				•	•
favori (favorite f)	favourite				•	•	•
formidable	tremendous/great				•	•	•
génial	excellent				•		•
gentil (-ille f)	nice	•	•	•	•	•	•
historique	historic		•				
honnête	honest			•		•	
impressionnant	impressive						•
intelligent	intelligent	•	•			•	•
intéressant	interesting	•	•	•	•	•	•
joli	pretty	•	•	•	•	•	•
magnifique	magnificent		•	•	•	•	•
meilleur	better	•	•	•	•	•	
merveilleux (-euse f)	marvellous	•	•	•	•	•	
mignon (mignonne f)	nice				•	•	
parfait	perfect						•
passionnant	exciting	•	•			•	
poli	polite	•	•	•	•	•	•
pratique	practical	•	•	•			
précis	accurate		•				•
préféré	favourite		•			•	•
propre	clean	•	•	•	•	•	•
sage	well-behaved/wise			•	•	•	•

THE WORLD AROUND US 71

		MEG	NEAB	ULEAC	SEG	WJEC	NICCEA
sain	healthy			•			
sensass	sensational				•		
spécial	special		•		•		
sportif (-ive f)	sporting	•	•	•	•	•	•
sympa	nice/friendly					•	•
sympathique	nice/friendly	•	•	•			•
unique	unique		•		•	•	•
utile	useful	•	•	•	•	•	
vrai	true	•	•	•		•	•

Negative adjectives

		MEG	NEAB	ULEAC	SEG	WJEC	NICCEA
affreux (-euse f)	awful	•	•	•	•	•	•
bête	silly/stupid	•	•		•	•	•
bruyant	noisy	•					
cassé	broken	•		•	•		•
dangereux (-euse f)	dangerous	•	•		•	•	•
désagréable	unpleasant	•					•
difficile	difficult	•	•	•	•	•	•
égoïste	selfish			•	•		
ennuyeux	boring	•	•	•	•	•	
fatigant	tiring	•		•	•		•
fou (folle f)	mad	•				•	
idiot	silly	•				•	
impoli	impolite				•		
impossible	impossible	•	•			•	•
inutile	useless	•	•		•	•	
laid	ugly	•		•	•	•	•
malheureux	unhappy, unfortunate	•	•	•	•	•	
mauvais	bad	•	•	•	•	•	•
méchant	naughty	•	•	•	•	•	•
moche	ugly		•			•	
négatif (-ive f)	negative	•					
paresseux (-euse f)	lazy	•		•		•	
sale	dirty	•		•	•		•
terrible	terrible					•	•
vilain (vilaine f)	naughty					•	

Physical adjectives

		MEG	NEAB	ULEAC	SEG	WJEC	NICCEA
âgé	aged	•			•	•	•
bas (basse f)	low, small	•		•	•	•	•

	MEG	NEAB	ULEAC	SEG	WJEC	NICCEA
bien habillé — well-dressed			•			
calme — quiet		•			•	•
cher — dear		•	•	•	•	•
comique — funny	•	•	•	•		
compliqué — complicated	•	•	•	•	•	
divorcé — divorced					•	
dynamique — dynamic		•				
étonnant — astonishing	•				•	
extraordinaire — extraordinary	•	•		•	•	
faible — weak	•	•		•	•	•
frisé — curly			•	•		•
gras (grasse f) — fat					•	•
grave — serious	•			•	•	•
haut — tall, high	•	•				•
important — important	•	•			•	•
jeune — young	•	•	•	•	•	•
maigre — thin			•	•	•	
mince — thin/slim	•	•		•	•	•
mystérieux (-euse f) — mysterious					•	
optimiste — optimistic						•
pauvre — poor	•		•	•	•	
riche — rich		•				
sérieux (-euse f) — serious	•	•		•	•	•
sévère — strict	•					•
silencieux (-euse f) — silent			•			
sourd — deaf					•	
timide — shy	•	•		•	•	•
tranquille — quiet	•			•	•	•
vieux (vieille f) — old	•	•	•	•	•	•

Area of Experience D

The world of work

JOB APPLICATIONS

		MEG	NEAB	ULEAC	SEG	WJEC	NICCEA
Work							
l'ambition (f)	ambition		•			•	
l'annonce (f)	advertisement (job)	•		•	•		•
le boulot	job/work						
le bureau	office	•	•	•	•	•	•
la carrière	career			•			
la compagnie	company	•	•	•	•	•	
l'emploi (m)	job	•	•	•	•	•	•
l'employé (m) l'employée (f)	employee	•	•	•	•	•	•
l'employeur (m)	employer	•	•		•		
l'enveloppe (f)	envelope			•			•
l'étudiant (m) l'étudiante (f)	student	•	•	•	•		•
le fait divers	news item			•			
la ferme	farm	•	•	•	•	•	•
la formation	training			•			
l'interview (m)	interview					•	
la licence	degree (university)			•			
le métier	job	•	•	•	•		
le patron	boss	•	•	•	•		•
la petite annonce	small advert					•	
le/la propriétaire	owner						•
la publicité	advertising	•	•	•	•	•	•
la réclame	advertisement (goods)	•				•	
la réunion	meeting	•		•		•	•
le salaire	salary	•	•	•	•		
le stage	course					•	
le stagiaire	course member					•	
le tourisme	tourism					•	•
le travail	work	•	•	•	•		•
l'université (f)	university	•	•				•

		MEG	NEAB	ULEAC	SEG	WJEC	NICCEA
l'usine (f)	factory	•	•	•	•	•	•
la vie	life		•	•	•	•	•

Verbs relating to work

		MEG	NEAB	ULEAC	SEG	WJEC	NICCEA
adorer	to love	•	•	•		•	•
s'adresser à	to apply to						•
aller	to go	•	•	•	•	•	•
s'approcher	to approach	•				•	•
attacher	to attach					•	
appeler	to call	•	•	•	•	•	•
augmenter	to increase	•					
avoir	to have	•	•	•	•	•	•
baisser	to lower					•	
bâtir	to build				•	•	
bien payé	well paid	•				•	
coller	to stick						•
conduire	to drive	•		•	•	•	•
continuer	to continue	•	•	•		•	•
couvrir	to cover	•					
croire	to believe	•		•		•	•
découper	to cut out			•			
déménager	to move house	•					•
demeurer	to stay/to remain	•					•
dépanner	to repair (a car)	•		•			
descendre	to go down		•	•	•	•	•
diminuer	to reduce						•
distribuer	to distribute			•	•		
échouer	to fail (an exam)					•	
employer	to employ, to use		•		•		•
enlever	to remove	•					•
enregistrer	to record, to register, to check-in					•	
enseigner	to teach						•
entendre	to hear	•	•	•	•	•	•
être	to be	•	•	•	•	•	•
expérimenté	experienced			•			
faire	to do	•	•	•	•	•	•
faire un stage	to go on a course			•			
s'habituer à	to get used to						•
imaginer	to imagine		•				

		MEG	NEAB	ULEAC	SEG	WJEC	NICCEA
inventer	to invent			•		•	
laisser	to let/to leave	•	•	•	•		•
mal payé	badly paid			•		•	
mentir	to lie	•					
monter	to go up	•	•	•	•	•	•
noter	to note			•			
nourrir	to feed			•			
obtenir	to obtain				•		•
s'occuper	to take care of	•		•	•		
ouvrir	to open	•	•	•	•	•	•
paraître	to seem	•		•			•
passer	to spend (time)	•	•	•	•	•	
se passer	to happen	•	•				•
penser	to think	•	•	•	•	•	•
porter	to carry	•	•		•	•	•
poser (une question)	to put, to ask (a question)	•	•	•	•		•
pouvoir	to be able	•	•	•	•		
promettre	to promise	•		•			
prononcer	to pronounce					•	•
quitter	to leave	•	•	•	•	•	•
raccommoder	to mend (clothes)	•					
raconter	to tell (i.e. a story)	•					•
rappeler	to call back	•	•				
refuser	to refuse	•	•		•		•
regarder	to watch	•	•	•	•	•	•
répondre	to answer	•	•	•	•	•	•
respecter	to respect, observe (i.e. laws)				•		
rêver	to dream						•
se souvenir de	to remember	•				•	•
surprendre	to surprise						•
taper (à la machine)	to type			•			
téléphoner	to phone	•	•			•	•
tirer	to pull				•		•
tomber	to fall	•	•	•	•	•	•
tomber malade	to fall ill			•			
travailler	to work	•	•		•	•	•
vérifier	to check	•		•	•		•

Jobs

		MEG	NEAB	ULEAC	SEG	WJEC	NICCEA
les affaires (f)	business	•	•			•	•
l'agent de police (m)	policeman	•	•		•	•	•
l'agriculteur (m)	farmer					•	•
l'avocat (m)	lawyer	•		•			
le caissier (caissière f)	cashier		•	•		•	•
le chauffeur	driver	•	•	•	•	•	•
le chauffeur de taxi	taxi driver	•		•	•		•
le chef	boss	•				•	•
le chirurgien	surgeon	•					
le coiffeur (coiffeuse f)	hairdresser	•		•	•	•	•
le commerçant	trader/shop-keeper	•				•	•
le comptable	accountant	•		•			
le/la concierge	caretaker	•				•	•
le contrôleur	ticket inspector			•		•	
la dactylo	typist		•			•	•
le/la dentiste	dentist	•	•			•	•
le docteur	doctor	•	•		•	•	•
le/la domestique	servant			•			
le douanier	customs officer					•	•
l'écrivain (m)	writer	•				•	
le fermier (fermière f)	farmer	•	•		•	•	
le gendarme	policeman	•			•	•	•
l'homme d'affaires (m)	businessman			•		•	
l'hôtesse de l'air (f)	air hostess			•	•	•	•
l'infirmier (infermière f)	nurse	•	•	•		•	•
l'informaticien (informaticienne f)	computer operator		•	•			
l'ingénieur (m)	engineer	•	•		•		
l'instituteur (institutrice f)	teacher (primary school)			•		•	•
le/la journaliste	journaliste			•			
le maire	mayor	•			•		•
le marchand	shopkeeper	•			•		•
le marin	sailor						•
le mécanicien (mécanicienne f)	mechanic	•	•	•	•	•	
le médecin	doctor	•	•	•	•	•	•
la ménagère	housewife			•			
l'opticien (m)	optician					•	•

	MEG	NEAB	ULEAC	SEG	WJEC	NICCEA
l'ouvrier (m)/l'ouvrière (f) — worker	•		•	•		
le paysan/la paysanne — peasant					•	•
le pilote — pilot, racing driver						•
le plombier — plumber	•		•			
le pompier — fireman			•	•	•	
le/la pompiste — pump attendant			•	•		
le routier — lorry driver						•
le/la secrétaire — secretary	•	•		•	•	
le soldat — soldier				•		•
le technicien/la technicienne — technician						•
le vendeur (vendeuse f) — salesperson		•	•	•	•	•

COMMUNICATION

On the telephone

	MEG	NEAB	ULEAC	SEG	WJEC	NICCEA
l'annuaire (m) — telephone book	•				•	
la cabine téléphonique — telephone booth	•	•	•	•	•	•
le coup de fil — phone call				•		•
le coup de téléphone — phone call	•		•	•	•	•
l'indicatif (m) — code				•		
le répondeur automatique — answering machine	•					
le répondeur téléphonique — answering machine				•		
la télécarte — phonecard						•
le téléphone — telephone	•	•				

Telephone verbs

	MEG	NEAB	ULEAC	SEG	WJEC	NICCEA
appeler — to call	•	•	•	•	•	•
attendre la tonalité — to wait for the tone	•					•
composer le numéro — to dial the number	•		•		•	
décrocher le combiné — to pick up the phone	•					
écouter — to listen	•	•	•	•	•	•
entendre — to hear	•	•	•	•	•	•
rappeler — to call back	•	•				
répondre — to answer	•	•	•	•	•	•
sonner — to ring	•		•	•		•
téléphoner — to phone	•	•			•	•
se tromper — to make a mistake	•	•	•			

	MEG	NEAB	ULEAC	SEG	WJEC	NICCEA
Telephone expressions						
allô — hello (on the telephone)	•				•	•
à l'appareil (m)! — speaking! (on the telephone)	•	•		•	•	•
c'est de la part de qui? — who is calling?			•		•	
ne quittez pas — hold the line	•		•			•
IT (Information technology)						
appuyer — to push (a key)	•			•		
charger un programme — to load a programme					•	
le curseur — cursor					•	
le disque vidéo — video disc				•		
la disquette — floppy disc					•	
le micro-ordinateur — microcomputer					•	

USEFUL IT VOCABULARY

de secours, backup (m)	back-up
BASIC (m)	BASIC programming language
gras	bold (print style)
autostart (m)	boot
survol (m)	browsing
erreur (f)/bug (m)	bug
CD-ROM (m)/Disque Optique Compact (DOC) (m)	CD-ROM
Enseignement assisté par ordinateur (EAO)	Computer-Assisted Learning (CAL)
informaticien/ne	computer professional
clavier tactile (m)	Concept Keyboard
curseur (m)	cursor
couper-coller	cut and paste
donnée (f)	datum
base de données (f)	database
gestionnaire de bases de données (m)	database management system
supprimer/effacer	to delete
micro-édition (f)	Desktop Publishing (DTP)
catalogue (m)	directory
Système d'Exploitation de	

Disque (SED)	Disc Operating System (DOS)
lecteur de disquette (m)	disc drive
visualiser	to display
clicher	to dump (print out a screen)
modifier/éditer	to edit
édition (f)	editing
Language Symbolique	
d'Enseignement (m)	educational computer language
	(France only)
didacticiel (m)	educational software
messagerie (électronique) (f)	electronic mail
télécopie (f)	facsimile (fax)
champ (m)	field (on database)
fichier (m)	file
disquette (f)	floppy disc
formater	to format (a blank disc or a display)
touche de fonction (f)	function key
tirage (m)/hard copy (m)	hard copy (a print-out)
disque dur	hard disc
matériel (m)	hardware (the equipment)
marquage (m)	highlighting
informatique (f)	information technology
entrée (f)	input
interactif/conversationnel	interactive
touche (f)	key
clavier (m)/pupitre (m)	keyboard
mot réservé (m)/clé d'accès (f)	keyword
charger	to load a program
chargement (m)	loading
téléchargement (m)	loading of programmes via Minitel
menu (m)	menu
fusionner	to merge
microprocesseur (m)/puce (f)	microchip
micro-ordinateur (m)	microcomputer
modem (m)	modem
moniteur (m)	monitor
souris (f)	mouse
qualité courrier (f)	Near Letter Quality (NLQ)
réseau (m)	network
autonome/hors-ligne	off-line
bureautique (f)	office technology
en ligne	on-line
sortie (f)	output
progiciel (m)	package

mot de passe (m)	password
périphérique (m)	peripheral (e.g. printer)
camembert (m)	pie chart
imprimante (f)	printer
driver d'installations d'imprimante (m)	printer driver
impression (f)	printing
programme (m)	program
invite (f)	prompt (input request)
mémoire vive (f) (RAM/MEV)	Ramdom Access Memory (RAM)
mémoire morte (f) (ROM/MEM)	Read Only Memory (ROM)
fiche (f)/enregistrement (m)/article (m)	record (in a database)
sauver/sauvegarder	to save
écran (m)	screen
affichage (m)	screen display
défilement (m)	scrolling
logiciel (m)/programme (m)	software
tableur (m)	spreadsheet
pile (f)	stack (Apple Hypercard)
chaîne de caractères (f)	string (unit of characters/numbers)
télématique (f)	telecommunications
Télétel (m)	Télétel information system
Minitel (m)	terminal to receive Télétel
utilitaire (m)	utility (program to support software)
vidéotex (m)/Télétel (m)/Antiope	viewdata
synthétiseur vocal (m)	voice synthesiser
traitement de texte (m)	word processing
traitement de texte (m)	word processor
WYSIWYG	WYSIWYG (what you see is what you get)

The international world

TOURISM AT HOME AND ABROAD

Transport

French	English	MEG	NEAB	ULEAC	SEG	WJEC	NICCEA
l'aéroglisseur (m)	hovercraft			•		•	
l'aéroport (m)	airport	•		•	•	•	•
l'arrêt (m)	stop	•	•	•	•	•	•
l'arrêt d'autobus (m)	bus stop	•	•		•	•	
s'arrêter	to stop	•	•		•	•	
l'autobus (m)	bus	•	•	•			
l'autocar (m)	coach	•	•	•			
l'autoroute (f)	motorway	•	•	•	•	•	•
l'avion (m)	plane	•	•	•	•	•	•
la bicyclette	bicycle	•	•		•	•	
le billet	ticket	•	•	•	•	•	•
le bus	bus	•	•	•	•	•	•
le camion	lorry	•	•	•	•	•	•
le car	coach	•	•		•	•	•
la destination	destination	•	•			•	
la distance	distance	•	•			•	
en retard	late	•					
la gare routière	bus station	•	•	•	•	•	•
l'hovercraft (m)	hovercraft					•	
le kilomètre	kilometre	•	•		•		•
le métro	underground train	•	•	•	•	•	
la moto	motorbike				•	•	
la motocyclette	motorcycle			•			•
le numéro	number	•	•	•	•	•	
à pied	on foot	•	•	•	•	•	
le poids lourd	lorry	•		•	•		•
rapide	fast	•	•		•		•
rien à déclarer	nothing to declare	•				•	•
la sortie	exit	•	•		•	•	•

	MEG	NEAB	ULEAC	SEG	WJEC	NICCEA
la sortie de secours — emergency exit	●	●		●	●	●
la station (de métro) — station (tube)	●				●	●
le taxi — taxi	●	●				●
le ticket — ticket	●	●			●	●
le transport — transport	●				●	
le tunnel — tunnel					●	
le vélomoteur — motorcycle	●		●	●		●
le vol — flight	●			●	●	●
les WC — toilets	●	●	●		●	●

By car

	MEG	NEAB	ULEAC	SEG	WJEC	NICCEA
l'auto (f) — car	●	●		●	●	
la batterie — battery	●		●			
la carte routière — road map				●		
la ceinture de sécurité — seat belt			●			
le coffre — boot (of car)	●				●	
le conducteur — driver						●
la déviation — road diversion	●			●	●	●
en bon état — in good condition					●	
en mauvais état — in bad condition					●	
en panne — broken down		●	●			
l'essence (f) — petrol	●		●	●	●	●
les essuie-glaces (m) — wind-screen wiper				●		
le frein — brake	●		●	●		●
le/la garagiste — garage attendant	●	●		●	●	
le gas-oil — diesel oil				●		
les heures d'affluence (f.pl.) — rush hour	●					
l'huile (f) — oil	●	●	●	●	●	●
le litre — litre	●	●		●	●	●
la marque — make (i.e. of car)	●			●	●	●
le moteur — engine			●	●	●	
obligatoire — compulsory	●					
d'occasion — second-hand		●		●		
en panne — broken down					●	●
le pare-brise — windscreen	●		●		●	
le passage protégé — right of way						
le péage — toll	●			●	●	
le périphérique — ring road						●
le permis de conduire — driving licence	●		●		●	●
plein — full	●	●	●	●	●	●

		MEG	NEAB	ULEAC	SEG	WJEC	NICCEA
le pneu	tyre	•		•	•	•	•
la portière	door (of vehicle)	•		•			•
la pression	pressure (tyres)				•		
la priorité à droite	give way to the right				•		
réparer	to repair	•		•			•
la roue	wheel	•		•			•
la roue de secours	spare wheel						•
rouler	to travel/to drive	•		•	•		•
la route	road		•	•	•	•	•
la route nationale	main road	•					
sans plomb	lead-free			•	•		
se servir de	to use	•		•			•
la station-service	filling station				•	•	•
le stationnement	parking	•			•	•	•
le super	high-grade petrol		•	•		•	•
les travaux (m)	roadworks						•
le véhicule	vehicle						•
la vitesse	speed, gear						•
la voiture	car	•	•	•		•	•
le volant	steering wheel	•		•			

By train

		MEG	NEAB	ULEAC	SEG	WJEC	NICCEA
accès aux quais	to the trains						•
l'aller-retour (m)	return ticket	•	•	•	•	•	
l'aller-simple (m)	single ticket	•	•	•	•	•	
le billet simple	single ticket					•	•
le chemin de fer	railway	•		•		•	•
le compartiment	compartment	•			•	•	•
composter	to validate/to date stamp a ticket		•	•	•		•
la consigne (automatique)	left luggage (locker)	•	•		•	•	•
la couchette	couchette				•	•	•
le départ	departure	•	•		•	•	•
direct	direct	•	•	•	•	•	•
en provenance de	coming from		•				
express	express		•		•		
fumeur/non-fumeur	smoking/no-smoking	•	•	•	•		
la gare	station	•	•	•	•	•	•
la gare maritime	quay-side station						•

	MEG	NEAB	ULEAC	SEG	WJEC	NICCEA
le non-fumeur — no-smoking compartment		•			•	•
occupé — taken	•	•		•	•	•
en provenance de — coming from				•		•
le quai — platform	•	•	•	•	•	•
la salle d'attente — waiting-room	•	•	•	•	•	•
SNCF (la Société Nationale des Chemins de Fer Français) — French Railways			•	•	•	•
le supplément — supplement					•	•
TGV (train à grande vitesse) — high speed trains				•		•
le train — train	•	•	•		•	
valable — valid	•		•			
la voie — track	•	•		•		
le wagon-lit — sleeping-car				•	•	•
le wagon-restaurant — dining-car	•				•	•

Countries

	MEG	NEAB	ULEAC	SEG	WJEC	NICCEA
l'Allemagne (f) — Germany	•	•		•	•	•
l'Angleterre (f) — England	•	•	•	•	•	•
l'Autriche (f) — Austria		•			•	
la Belgique — Belgium		•			•	•
le Canada — Canada	•	•	•	•	•	
le Danemark — Denmark		•				•
l'Ecosse (f) — Scotland		•				•
l'Espagne (f) — Spain	•	•			•	•
les Etats-Unis (m) — U.S.A.		•		•	•	•
la Finlande — Finland		•			•	
la France — France	•	•		•		•
la Grande-Bretagne — Great Britain		•		•	•	•
la Grèce — Greece		•		•	•	•
l'Hollande (f) — Holland		•		•	•	•
l'Irlande (f) — Ireland		•		•	•	•
l'Irlande du Nord (f) — Northern Ireland		•		•	•	•
l'Italie (f) — Italy	•	•		•	•	•
le Luxembourg — Luxembourg		•				•
le Maroc — Morocco				•		
le Pays de Galles — Wales		•	•	•		•
les Pays-Bas — Holland		•				
le Portugal — Portugal		•			•	
le Royaume-Uni — United Kingdom		•				

		MEG	NEAB	ULEAC	SEG	WJEC	NICCEA
la Suède	Sweden			•		•	
la Suisse	Switzerland	•	•	•		•	•

Nationalities

		MEG	NEAB	ULEAC	SEG	WJEC	NICCEA
allemand	German	•	•	•	•	•	•
américain	American					•	•
anglais	English	•	•	•	•	•	•
belge	Belgian		•	•		•	•
britannique	British	•	•	•	•	•	•
danois	Danish			•			•
écossais	Scottish		•	•			
espagnol	Spanish	•	•	•		•	•
européen (-enne f)	European						•
finlandais	Finnish		•			•	
français	French	•	•	•	•		•
gallois	Welsh		•	•		•	•
grec (grecque f)	Greek		•	•	•	•	•
hollandais	Dutch		•	•	•	•	•
irlandais	Irish		•	•	•	•	•
italien (-ienne f)	Italian	•	•	•	•	•	•
japonais	Japanese				•		
juif (juive f)	Jewish						•
luxembourgeois	Luxembourg						•
portugais	Portugese	•	•			•	
russe	Russian				•		
suédois	Swedish		•			•	
suisse	Swiss	•	•				•

LIFE IN OTHER COUNTRIES
AND COMMUNITIES

Cities

		MEG	NEAB	ULEAC	SEG	WJEC	NICCEA
Bordeaux	Bordeaux		•			•	•
Boulogne	Boulogne		•		•	•	•
Bruxelles	Brussels		•			•	•
Cherbourg	Cherbourg		•				•
Dieppe	Dieppe		•				•
Douvres	Dover		•	•			•

		MEG	NEAB	ULEAC	SEG	WJEC	NICCEA
Edimbourg	Edinburgh	•					
Le Havre	Le Havre	•					
Londres	London	•		•			•
Lyon	Lyons	•					•
Marseille	Marseilles	•					•
Montréal	Montreal	•					
Paris	Paris	•					•
Strasbourg	Strasbourg	•					•

Rivers

		MEG	NEAB	ULEAC	SEG	WJEC	NICCEA
la Loire	Loire River	•					•
le Rhône	Rhone River	•					
la Seine	River Seine						•
la Tamise	Thames River			•			

Regions

		MEG	NEAB	ULEAC	SEG	WJEC	NICCEA
la Bretagne	Britanny	•				•	•
la Corse	Corsica			•	•		
la Garonne	Garonne			•			•
le Midi	the South of France	•					•
la Normandie	Normandy	•					•
le Québec	Quebec	•					•

Mountains

		MEG	NEAB	ULEAC	SEG	WJEC	NICCEA
les Alpes (f)	the Alps	•					•
le Massif Central	Massif Central Mountains	•					•
les Pyrénées (f)	Pyrenees	•					•

Seas

		MEG	NEAB	ULEAC	SEG	WJEC	NICCEA
l'Atlantique (f)	the Atlantic	•				•	
la Manche	the Channel	•				•	•
la Méditérranée	Mediterranean	•			•	•	
la Mer du Nord	North Sea	•	•	•	•	•	•

WORLD EVENTS AND ISSUES

Problems

		MEG	NEAB	ULEAC	SEG	WJEC	NICCEA
l'avantage (m)	advantage	•		•			

		MEG	NEAB	ULEAC	SEG	WJEC	NICCEA
l'avis (m)	opinion	•	•	•	•	•	
le chômage	unemployment	•	•	•	•	•	
la différence	difference	•	•			•	•
la dispute	dispute/quarrel	•					
le drapeau	flag	•			•		•
le droit	right	•	•	•	•	•	•
l'élection (f)	election						
l'enseignement (m)	education			•	•		
l'événement (m)	event	•				•	
la frontière	border	•					
la grève	strike	•					
la guerre	war	•					
la liberté	liberty/freedom						•
la loi	law				•		
la manifestation	demonstration	•					
le motif	motive, reason				•		•
le niveau	level	•					
le nombre	number	•			•	•	•
l'opinion (f)	opinion			•		•	•
le palais	palace				•		•
le problème	problem			•		•	•
la raison	reason	•	•		•		
la religion	religion				•		•
le sondage	poll				•		
le symbole	symbol				•		
le thème	theme				•		
les transports en commun (m)	public transport				•		

People

		MEG	NEAB	ULEAC	SEG	WJEC	NICCEA
l'adolescent(e) (m/f)	adolescent	•	•	•	•	•	
le chômeur	unemployed person	•	•	•	•	•	
EDF (Electricité de France)	French Electricity Board				•		
la foule	crowd						•
GDF (Gaz de France)	French Gas Board				•		
le gouvernement	government	•					
l'individu (m)	individual				•		
la monarchie	monarchy					•	
les Nations Unies (f)	United Nations				•		
le premier ministre	prime minister					•	

		MEG	NEAB	ULEAC	SEG	WJEC	NICCEA
le président	president					•	
la reine	queen					•	

Verbs

		MEG	NEAB	ULEAC	SEG	WJEC	NICCEA
attaquer	to attack					•	•
discuter	to discuss	•			•	•	
il s'agit de	it is a question of	•	•				
mériter	to deserve				•		
polluer	to pollute	•				•	
souligner	to emphasise/to underline	•	•				